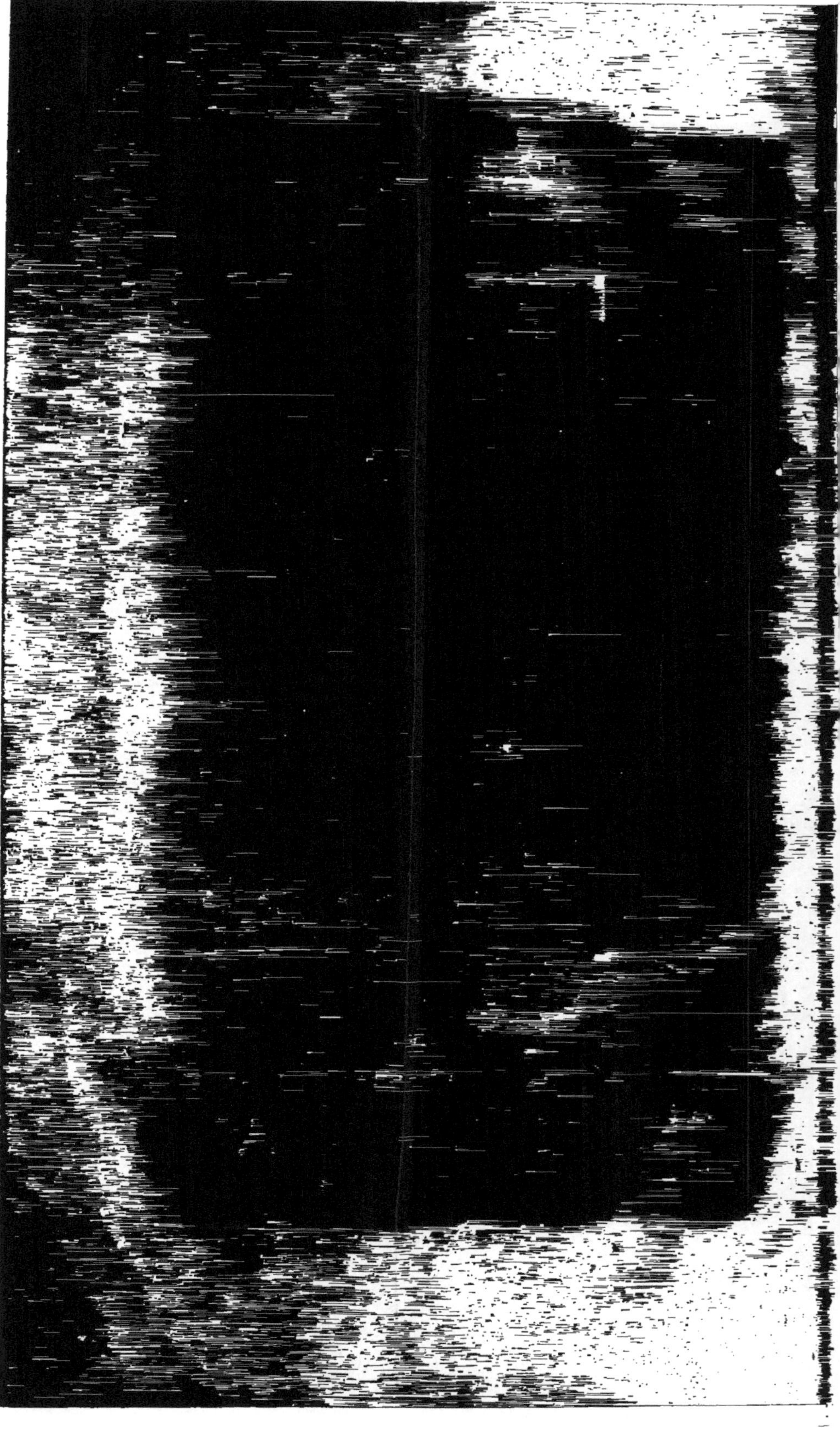

CONFECTION

DU

CODE RURAL.

R

OUVRAGES DU MÊME AUTEUR.

(CHEZ LES MÊMES LIBRAIRES.)

MANUEL DE DROIT RURAL ET D'ÉCONOMIE AGRICOLE, *historique*, *législation*, *jurisprudence*, *vues économiques*, *statistique*, *formulaires*. 2e édit., augmentée d'un Appendice contenant le texte des lois rurales; 1 vol. in-8 de 950 pages compactes. Prix : 8 fr.

DIALOGUES POPULAIRES SUR LE DROIT RURAL. 1 vol. in-16 de de 150 pages petit-texte. Prix : 60 c.

Ce petit livre a été fait pour mettre le droit rural à la portée de tout le monde, et dans le but d'inspirer aux paysans une sainte horreur pour les procès. Il devrait être classique dans les écoles primaires.

SOUS PRESSE.

ÉLÉMENTS D'ÉCONOMIE AGRICOLE à l'usage des Écoles d'agriculture. 1 vol. in-18. Prix : 3 fr. 50 c.

PARIS.— IMPRIMÉ PAR E. THUNOT ET Ce.
rue Racine, 26, près de l'Odéon.

CONFECTION

DU

CODE RURAL

PAR M. JACQUES DE VALSERRES,

Auteur du **Manuel de droit rural et d'économie agricole**,

PROFESSEUR LIBRE D'ÉCONOMIE POLITIQUE
ET DE DROIT ADMINISTRATIF.

PARIS,

GUSTAVE THOREL,
LIBRAIRE-ÉDITEUR,
Place du Panthéon, 4.

LIBRAIRIE AGRICOLE
DE DUSACQ,
Rue Jacob, 26.

1850

AVANT-PROPOS.

L'ouvrage dont nous commençons aujourd'hui la publication, fait depuis dix ans l'objet de nos préoccupations les plus vives. Il comprendra quatre livraisons. Dans la première, reproduite par la *Revue de droit français et étranger,* nous traitons des *travaux préparatoires pour la confection du Code rural.* La seconde sera consacrée à la *classification* et à la *délimitation* des matières que doit comprendre la future œuvre législative. Dans la troisième nous tracerons l'*exposé des motifs*; enfin, dans la quatrième, nous donnerons le texte d'un *projet de Code rural* en harmonie avec les besoins de notre agriculture.

Ce que nous avons voulu en écrivant ce livre, ç'a été d'aplanir les obstacles qui jusqu'à ce jour se sont opposés à la codification des lois rurales. Ce but, nous avons pensé l'atteindre par une étude consciencieuse, par un examen approfondi des travaux qui depuis cinquante ans se sont produits sur cet important sujet.

Parmi les documents officiels que nous avons consultés, nous citerons : les réponses des sociétés d'agriculture aux questions posées par Chaptal en 1802, les procès-verbaux de la commission de 1834, conservés manuscrits dans les cartons du ministère de l'agriculture et du commerce; les *observations des commissions consultatives*, formant 4 volumes in-4°, imprimées de 1811 à 1816; enfin les nombreuses pièces qui se trouvent dans les archives du ministère de l'intérieur.

Parmi les documents émanés des particuliers, nous avons lu avec fruit les *notes*, les *mémoires*, les *projets* volumineux qui ont paru sur le *Code rural* depuis 1804, époque à laquelle Chaptal nomma la première commission. Mentionnons, entre autres, le *projet* publié en 1819 par M. Ardant, maître des requêtes, l'un des plus considérables de ceux qui ont été imprimés.

Quant à la méthode que nous avons adoptée, elle est aussi simple que naturelle. Sur chacune des questions qui rentrent dans notre cadre, nous présentons l'ensemble des opinions émises soit dans les documents officiels, soit dans les documents privés ; nous faisons ressortir ce que ces documents ont de bon et d'utile, ce qu'ils ont de défectueux; enfin nous proposons un ensemble de vues et d'idées qui doivent rendre facile la confection du Code rural.

Notre but n'est pas de présenter ici l'analyse de toutes les matières qui font l'objet de ce livre. La lecture des *travaux préparatoires* donnera une idée de notre méthode. Nous dirons seulement quelques mots de la *classification* et de la *délimitation* du Code rural, questions aussi importantes que peu étudiées.

Les classifications suivies dans les différents projets officiels ou privés sont loin d'être conçues d'après les données de la science. Les auteurs de ces documents semblent n'avoir pas assez compris combien dans une œuvre composée d'éléments aussi divers l'arrangement des matières est chose essentielle. Nous soumettrons à une critique impartiale toutes ces classifications, et après avoir montré par où elles pèchent, nous en présenterons une entièrement neuve basée sur la nature et la logique.

La *délimitation* du Code rural n'est pas moins importante que la classification. Le nouveau Code doit-il se restreindre aux règles générales organiques de l'agriculture, laissant les dispositions de détail aux soins des lois particulières? Doit-il, au contraire, comprendre dans son ensemble toutes les dispositions législatives qui s'appliquent à l'industrie par excellence? Les documents sur la matière semblent tous avoir été inspirés par l'un ou l'autre de ces deux systèmes. Le projet officiel de 1808, comprenant 281 articles, se bornait à des règles générales. Celui de 1811, composé de 960 articles, visait aux plus minces détails. Nous montrerons que ces documents sont loin du but que se proposaient leurs auteurs. Après avoir critiqué ces œuvres officielles, ainsi que celles dues à l'initiative des particuliers, nous tâcherons à notre tour de fixer les limites naturelles, les véritables limites du Code rural.

La partie relative aux *travaux préparatoires*, celle que nous publions aujourd'hui, a déjà été de notre part l'objet de démarches restées jusqu'ici infructueuses. En 1847 nous en envoyâmes une copie à M. Cunin-Gridaine, ministre de l'agriculture et du commerce. M. Cunin-Gridaine paraissait disposé à exécuter nos idées lorsque la révolution de février éclata. Depuis, persuadé que les événements politiques avaient rendu notre projet plus opportun encore, nous nous adressâmes à M. Tourret, qui, n'en comprenant sans doute pas l'importance, nous fit un médiocre accueil. Alors, n'espérant plus rien de l'administration, nous tournâmes nos regards vers l'Assemblée constituante, à qui nous fîmes parvenir une nouvelle copie de ce travail. En ayant donné communication à trois représentants du peuple, MM. Valette (du Jura), Richard (du Cantal) et de Tillancourt, ces honorables citoyens voulurent bien en faire l'objet d'une proposition, qui fut présentée le 2 décembre 1848. Voici le texte de cette proposition, que la Constituante ne put discuter parce qu'elle touchait alors au terme de sa législature :

« Le ministre de la justice ou de l'agriculture et du commerce fera exécuter des travaux préparatoires pour la confection du Code rural.

» Les travaux consisteront dans la compilation des lois rurales anciennes, à partir de la période romaine jusqu'à notre époque ; dans la réunion des usages ruraux ayant conservé force législative ; dans la traduction des lois rurales qui sont en vigueur chez les différents peuples.

» Le personnel chargé des travaux préparatoires devra être composé de jurisconsultes, d'élèves de l'école des Chartes, de traducteurs et d'expéditionnaires.

» Sous la direction du ministre, le chef des travaux préparatoires se mettra en rapport avec les conservateurs des archives des anciens parlements et des dépôts publics ; il établira des correspondants qui l'aideront à colliger les usages ruraux ; il donnera les instructions nécessaires pour que les textes des lois rurales étrangères soient réunis le plus promptement possible.

» La compilation des anciennes lois aura lieu par ordre chronologique. Chaque volume devra être précédé d'une préface présentant l'histoire de la législation rurale, ses tendances économiques, ses imperfections et ses progrès durant la période qu'il comprendra. Aux textes seront joints des éclaircissements, des notes de concordance, des notes de conférence avec nos lois actuelles. Une table alphabétique et raisonnée par ordre de matières complètera ce travail de restitution.

» La collection des usages ruraux sera précédée d'une introduction systématique dans laquelle on devra rechercher quels sont ceux des usages qui pourraient être rendus uniformes pour toute la France, et quels sont ceux qu'il conviendrait de maintenir tels qu'ils existent.

» La traduction des lois rurales de chaque peuple sera également précédée d'une introduction qui comprendra une appréciation des résultats pratiques obtenus sous l'empire de chacune d'elles. Des notes de conférence avec nos textes anciens et modernes et avec les textes étrangers entre eux seront le complément des traductions.

» Les travaux préparatoires achevés, le ministre choisira dans le personnel chargé des travaux une commission de quatre membres qui rédigera un projet de Code rural. — Ce projet sera soumis aux tribunaux et à des commissions spéciales formées au chef-lieu de chaque département.

» Sur les observations qui pourront être faites, la commission procédera à la révision de son travail. Le projet sera ensuite soumis à l'Assemblée nationale.

» Les ministres des travaux publics, de l'intérieur et des finances communiqueront au ministre compétent tous les documents qu'ils possèdent sur les matières que doit comprendre le Code rural.

» Chaque année, dans le courant du mois de janvier, il sera rendu compte à l'Assemblée nationale de la marche et de l'état des travaux préparatoires. Le compte rendu sera inséré au *Moniteur*. »

MM. Valette (du Jura) et Richard (du Cantal) attendent sans doute, pour reprendre leur proposition, que les agitations politiques soient un peu calmées. En publiant aujourd'hui le premier fascicule de ce livre, notre but est d'agir sur l'opinion publique, et, du moins nous l'espérons, de faire que l'Assemblée législative accueille avec faveur le projet que nos deux honorables représentants ont bien voulu prendre sous leur haut patronage.

Paris, juin 1850.

CONFECTION DU CODE RURAL.

I.

TRAVAUX PRÉPARATOIRES.

PREMIÈRE PARTIE.

La France passe, à juste titre, pour un des pays de l'Europe où la législation a fait le plus de progrès. Nos Codes, sans être exempts de reproches, présentent un ensemble satisfaisant du droit civil, du droit commercial et du droit criminel. Ils sont d'ailleurs connus de presque tous les peuples civilisés, auxquels ils ont plus ou moins servi de modèle dans la codification de leurs lois et de leurs coutumes.

Mais, en dehors de nos Codes, il y a certaines branches du droit qui manquent de système et n'offrent qu'un assemblage incohérent de lois éparses, de pièces rapportées : telles sont les parties qui régissent la production agricole, la transformation des matières premières, les échanges; celles qui organisent l'État, qui pourvoient aux besoins sociaux, qui règlent les droits politiques et les rapports si nombreux, si variés des citoyens avec l'administration.

Pourquoi ces diverses branches du droit, qui présentent une si grande importance dans la pratique, n'ont-elles pas été codifiées jusqu'à ce jour? C'est parce que toute cette partie de notre législation a sa racine dans l'économie politique, et que les procédés de cette science étant eux-mêmes fort peu connus, il n'a pas encore été possible de les appliquer à la confection des actes législatifs.

En effet, malgré les nombreux travaux des physiocrates durant le XVIIIe siècle, malgré les écrits plus récents de J.-B. Say, de Sismondi et de leurs nombreux disciples, malgré toutes les idées que les écoles de Saint-Simon et de Fourier ont jetées avec tant de profusion dans le monde, les sciences économiques ne comptent encore que de rares adeptes. Peut-être verra-t-on s'écouler bien du temps avant qu'elles pénètrent, nous ne disons pas dans les classes populaires de la société, mais dans les classes moyennes. Or, comme d'un côté, malgré le suffrage universel, c'est toujours la classe moyenne qui nous gouverne, et que, de l'autre, les lois organiques de l'agriculture, des fabriques, du commerce, de l'administration, ne sont que de l'*économie politique appliquée*, tant que la classe dirigeante ne connaîtra pas mieux l'économie politique, nos lois agricoles, industrielles et administratives seront imparfaites.

Cette imperfection se manifeste par l'absence de Codes. Voulez-vous savoir si la législation d'un peuple touche à son complet développement? Assurez-vous du degré d'élaboration où elle est parvenue. Si elle est encore à l'état de coutume, ou même si, écrite, elle se compose de lois éparses, morcelées, concluez-en qu'elle est toujours dans la période d'enfantement. Œuvre patiente des siècles, résultat préparé par l'effort des générations, un Code n'est en effet possible que lorsque les éléments dont il doit se composer ont suffisamment été mûris par l'action du temps et par les efforts simultanés des jurisconsultes et de la jurisprudence.

Appliquons ces principes à la France. Qu'y voyons-nous? Que le droit civil, le droit commercial, le droit criminel, aujourd'hui pourvus de Codes, ont atteint leur complet développement, tandis que le droit rural et le droit public, composés de lois éparses, se trouvent encore dans la période de formation. Toutefois j'ai hâte d'ajouter que ces deux branches de notre législation ne doivent pas être mises sur la même ligne. A ne considérer que l'origine toute récente de notre droit public, le rôle important qui lui est dévolu dans notre milieu social, la nouveauté des matières dont il se compose, les rapports nombreux et délicats qu'il est appelé à régir, il semble que de longtemps encore il ne pourra dépouiller cette forme incertaine, résultat inévitable du morcellement législatif. Au contraire, en examinant la nature même du droit rural, l'ancienneté de son origine, le degré d'élaboration auquel il est parvenu, le caractère spécial des choses qui rentrent dans son domaine, nous croyons pouvoir affirmer que le moment de sa codification est enfin arrivé.

Notre droit public, on le sait, ne date que de la révolution de 89. La première Constituante en posa les bases, et le gouvernement impérial les a développées. Ame de notre organisation républicaine, élément essentiel de tout progrès, notre droit public n'atteindra son complet développement que le jour où la sainte formule, *Liberté*, *égalité*, *fraternité*, aura, des parois de nos édifices publics, passé dans nos cœurs et dans les pratiques administratives.

Notre droit rural, au contraire, se trouve dans une situation bien différente. Si avant 89 il touchait à la politique par les fiefs, par les substitutions, par les redevances seigneuriales, par le privilége du droit de chasse, par l'inégalité de l'impôt, par mille gênes établies dans l'intérêt social, depuis que la Constituante, en abolissant la féodalité, a déclaré le *territoire libre comme les personnes*, il est sorti de la classe du droit public pour entrer dans la classe du droit privé. Aujourd'hui donc, en tenant compte des differences relatives qu'il y a entre les deux œuvres, la rédaction du Code rural ne doit pas être plus difficile que ne l'a été la rédaction du Code civil.

Toutefois cette proposition est contestée. De graves jurisconsultes, entre autres M. Dupin aîné, soutiennent que la codification des lois rurales est si difficile qu'elle est presque impossible. Ces jurisconsultes fondent leur opinion sur des précédents historiques; ils disent que depuis le commencement de ce siècle déjà trois fois on a essayé de faire un Code rural, et qu'aucun des trois projets n'a pu atteindre le terme législatif.

L'opinion de ces jurisconsultes, malgré sa gravité, ne saurait nous ébranler. Si depuis cinquante ans toutes les tentatives faites pour codifier les lois rurales ont avorté, il faut plus l'attribuer à la fausse direction donnée aux travaux préparatoires qu'aux difficultés réelles que cette œuvre présente. C'est là que gît la véritable cause de toutes les déceptions. Pour mettre dans son jour cette vérité, nous croyons devoir insister sur les travaux préparatoires exécutés jusqu'à notre époque. Nous en donnerons d'abord l'historique, nous rechercherons ensuite pourquoi ils sont restés sans résultats.

Dès le milieu du XVIIIe siècle, Quesnay et son école signalaient l'incohérence des lois rurales comme un des principaux obstacles aux progrès de l'agriculture. Déjà on avait des idées de codification. On vit à cette époque un jurisconsulte, Boucher d'Argis, prendre les devants, et publier sous le titre de *Code rural* un recueil de *maximes et règlements concernant les biens de campagne.*

La Constituante songea sérieusement à réaliser les vues éclairées des physiocrates. Le 2 septembre 1789, elle choisit dans son sein un *comité d'agriculture*, qu'elle chargea de reviser les anciennes lois rurales, d'en préparer de nouvelles, et de jeter le tout dans un même moule pour en former un Code. Mais la nouveauté du travail, les difficultés de la matière, les embarras de la situation, ne permirent pas au comité d'accomplir cette œuvre considérable. Néanmoins, dans le cours de sa mémorable législature, la Constituante vota diverses lois de détail, entre autres celle du 28 septembre 1791 sur *la police rurale.*

Les projets de la Constituante ne furent repris avec suite que sous le Consulat. En 1802, Chaptal, ministre de l'intérieur, adressa aux préfets et aux sociétés d'agriculture une série de questions sur les matières que devait comprendre le *Code rural.* Il nomma ensuite une commission de rédacteurs composée d'abord de six membres, puis réduite à quatre par M. de Champagny, son successeur. Ce fut seulement le 6 avril 1808 que les commissaires, ayant terminé leur projet, en déposèrent la minute au ministère de l'intérieur. Ce projet, comprenant 280 articles divisés en trois titres, fut mis sous les yeux de l'empereur au moment où il allait franchir les Pyrénées et porter la guerre en Espagne. Déjà il était à Bayonne. C'est de là qu'il rendit un décret établissant près chaque cour impériale une *commission consultative* chargée de donner son avis sur le travail des rédacteurs. Chacune d'elles n'avait que deux mois pour se prononcer.

Les commissions furent unanimes à reconnaître que le projet de Code rural était loin de donner satisfaction à tous les besoins de l'agriculture. Comme ensemble, elles trouvèrent sa classification fautive, irrationnelle; comme détail, elles signalèrent son défaut d'harmonie avec les Codes déjà promulgués. Les commissions consultatives d'Agen, de Douai, de Toulouse, de Grenoble, laissant de côté le projet primitif, présentèrent une rédaction toute nouvelle; une multitude de jurisconsultes et d'agronomes, adressèrent aussi au ministre de l'intérieur des travaux manuscrits ou imprimés, dont quelques-uns figurent dans les procès-verbaux des *commissions consultatives.*

Ce concours inespéré de lumières mit l'administration dans le plus grand embarras. En comparant le projet officiel avec le travail des commissions, avec les brochures et les mémoires communiqués, on le trouvait insuffisant. Alors M. Crété, ministre de l'intérieur, ne voulant pas que l'agriculture française fût privée plus longtemps d'une législation uniforme, chargea un rédacteur unique de dépouiller tous ces matériaux et d'y puiser les éléments d'un projet plus en harmonie avec les besoins réels : ce rédacteur était M. de Verneilh, ancien préfet, membre du corps législatif.

M. de Verneilh arrêta un projet qui comprend 960 articles, et que l'on peut regarder comme le reflet de toutes les opinions émises soit par les commissions consultatives, soit par les simples particuliers. Ce travail, divisé en deux livres, est quatre fois plus étendu que celui de la première commission. Certaines parties, que cette dernière n'avait fait qu'effleurer, reçurent dans le second projet de notables développements. Signalons surtout les *cours d'eau*, les *routes vicinales*, les *échanges d'immeubles*, les *gardes champêtres*, la *police rurale;* on y rencontre aussi des matières omises dans le projet primitif, telles que la *réunion des propriétés morcelées*, les *assurances agricoles*, les *prud'hommes ruraux*, les *volailles*, les *lapins*, les *chiens* et quelques autres sujets d'une moindre importance. Mais ces améliorations ne compensent pas les longueurs, les redites, les dispositions purement réglementaires qui enlèvent à cette œuvre toute sa valeur législative; elles ne rachètent pas non plus les omissions nombreuses, car M. de Verneilh ne parle ni des *irrigations*, ni des *haras*, ni du *crédit foncier*, ni de l'*enseignement agricole*, ni du *reboisement*, ni du *défrichement des terres incultes*, etc.

C'est au mois de novembre 1811 que le projet de révision fut terminé : deux circonstances en empêchèrent la discussion immédiate par le conseil d'État; d'une part, la récente réunion de la Hollande, des États romains, des villes Anséatiques et du Valais à l'empire, commandaient d'en déférer l'examen aux seize nouveaux départements; de l'autre, nous étions à la veille de la campagne de Russie, dont les préparatifs absorbaient tous les instants de Napoléon. La désastreuse retraite de Moscou amena un nouvel ajournement. Bientôt l'empire tomba, et avec lui tous les projets en cours d'exécution. De cette tentative il ne nous est resté que quatre gros volumes in-quarto, monuments curieux, qui depuis ont servi de thème à toutes les commissions instituées pour réaliser les promesses de la Constituante.

Les hommes de la restauration, malgré la répugnance que leur inspirait tout ce qui rappelait leur exil, voulurent mettre à profit les travaux que l'empire avait exécutés pour la confection du Code rural. En juin 1817, M. Laisné, ministre de l'intérieur, adressa aux préfets plusieurs exemplaires des *Observations des commissions consultatives*, avec ordre de les distribuer à ceux de leurs administrés capables de donner leur avis sur ce travail. L'année suivante, en juillet 1818, M. Laisné nomma une commission qu'il chargea d'examiner le projet de M. de Verneilh, et d'indiquer le parti qu'on en pourrait tirer; la commission devait aussi faire une enquête sur l'état de la législation rurale, dire si elle avait besoin de modifications, et comment on pourrait l'améliorer, en un mot, elle devait tracer à l'administration la marche qu'elle aurait à suivre dans ses plans de réforme.

Après de longues recherches, du moins ce sont les documents officiels qui nous l'apprennent, la commission déclara que la publication d'un Code rural lui *paraissait chose superflue*. La législation agricole, disait-elle, se trouve suffisamment réglée par les Codes, par le décret du 28 septembre 1791 et par les lois particulières. Aller plus loin que ces actes législatifs, ce serait entrer dans des détails oisifs et faire violence aux usages locaux. Il est donc plus sage, ajoutait-elle en finissant, de préférer un ordre de choses éprouvé à l'inconnu inséparable de toute réforme. Ainsi se trouvait indéfiniment ajournée la codification des lois rurales.

L'idée ne fut reprise qu'après la révolution de juillet. En 1834, M. Duchâtel, alors ministre des travaux publics et du commerce, adressa un rapport au roi dans lequel il proposait d'entreprendre de nouvelles études. « Une législation simple, disait-il, nette, » précise, facilement accessible à toutes les intelligences, et ré- » glant, d'après les principes d'une sage économie publique, les » détails si variés de la police des campagnes, serait sans con- » tredit un puissant auxiliaire des progrès de la culture..... Je » propose donc, ajoutait le ministre, de confier la préparation » du Code rural à une commission choisie dans le conseil d'agri- » culture, dans les deux chambres, dans le conseil d'État, dans » la magistrature, et de former cette commission d'un nombre » de membres qui lui permette de se diviser en sections pour » approfondir et abréger le travail. »

Ce rapport nommait une commission de vingt et un membres : chacun d'eux reçut, avant la première réunion, un exemplaire des travaux préparatoires exécutés sous l'empire, car il entrait dans les vues du ministre que le projet de M. de Verneilh servît de texte aux discussions qui bientôt devaient s'ouvrir. La commission allait donc se mettre à la remorque de sa devancière, de celle de 1818, qui était arrivée à une si singulière conclusion. Elle n'était donc point instituée dans le but de réunir toutes les lois rurales existantes, de les soumettre à une rigoureuse analyse, de les recomposer en un tout harmonieux par une synthèse hardie, en un mot, d'en former un Code homogène. Non, sa tâche était moins difficile. Au lieu d'avoir pour mission d'élever un édifice nouveau elle devait se borner à récrépir l'ancien ; elle allait rajeunir les textes que le temps avait vieillies, et décréter quelques dispositions nouvelles que les progrès de l'agriculture rendaient indispensables.

Du 8 février 1835 au 21 mai suivant, la commission se reunit quinze fois ; elle s'occupa successivement des *clôtures*, *haies*, *fossés* et *murs*, du *glanage*, du *grapillage*, du *parcours* et de la *vaine pâture ;* des *animaux domestiques*, des *chèvres*, des *volailles*, des *pigeons*, des *essaims ;* des *insectes* et des *plantes nuisibles*, enfin du *bornage*. Les résultats de ses délibérations se trouvent consignés dans vingt-deux articles dont elle arrêta la rédaction. La clôture de la session des chambres mit fin à ses réunions ; toutefois, à la réouverture du parlement, elle ne reprit pas ses conférences : elle était effrayée par la difficulté de la tâche qu'elle avait à remplir. On assure même que plusieurs de ses membres déclarèrent, en se séparant, que la confection du Code rural n'était pas encore possible.

Cette sorte de lâcheté politique jeta le découragement dans l'administration. Abandonnant l'agriculture, c'est-à-dire l'industrie qui fait vivre toutes les autres, le gouvernement de juillet tourna ses regards vers le commerce et les manufactures; tandis que, faute de bonnes lois et d'encouragement, les campagnes se dépeuplaient, que le sol restait inculte, que les propriétaires étaient dévorés par l'usure, sous l'influence du Code de commerce et du budget, les ateliers regorgeaient de travailleurs, la fabrication s'étendait sur une vaste échelle, les capitaux affluaient chez les fabricants. On vit alors, chose étrange! la spéculation et l'agiotage tourner toutes les têtes. Ce n'était plus par le travail qu'on cherchait à s'enrichir, mais par les coups de bourse et la vente à la hausse des actions industrielles. Quiconque possédait un capital de 10,000 fr. achetait pour 100,000 fr. d'actions de chemins de fer, dont il espérait se défaire avec une forte prime. Personne n'aurait voulu placer un sou dans une opération agricole.

Ce système déplorable ne tarda pas à porter ses fruits. Comme tout le monde avait souscrit des actions pour les revendre, chacun fut obligé de les garder : bientôt les échéances arrivèrent; mais comme les titres en circulation ne peuvent en définitive se solder qu'avec des produits du sol, la mauvaise récolte de 1846 vint renverser tout ce brillant échafaudage. Au lieu de payer les cinquièmes échus, les actionnaires furent obligés d'acheter du pain; 300 millions de notre monnaie passèrent à l'étranger contre des grains qu'avec un peu de protection notre agriculture aurait pu nous fournir; bientôt la crise industrielle amena la crise politique, et la disette de 1846 ne fut que la préface de la révolution de février.

Cette révolution fut saluée dans les campagnes aux cris mille fois répétés de Vive l'agriculture! Ceux qui aspiraient à l'honneur de siéger à la Constituante inscrivirent en tête de leur profession de foi une longue liste de réformes agricoles. Tous reconnaissaient alors que la misère générale provenait du défaut de production, et que, pour la faire cesser, il fallait enfin donner à l'agriculture la prépondérance sur les manufactures et le commerce.

Ces idées se traduisirent, au sein de la Constituante, par un nombre considérable de propositions législatives. MM. Turck et Prudhomme demandaient la création de 2 milliards de *bons hypothécaires;* M. Pougeard, la réforme du *titre des hypothèques et du Code de procédure;* M. Wolowski, l'établissement d'*institutions de crédit* à l'instar de celles existant en Allemagne; M. Pezerat présentait un projet d'*assurances et d'associations agricoles*, un système de *baux à ferme*, *de cultures fourragères et d'assolement;* M. Durand de Romorantin proposait le *rachat des servitudes qui grèvent les étangs;* M. Francisque Bouvet, la *suppression du parcours et de la vaine pâture;* M. Dufournel, le *reboisement et la mise en valeur des terres incultes;* M. Guigues, *l'utilisation des biens communaux;* MM. Ceyras et Pureur réclamaient des *secours pour les invalides de la campagne;* MM. Anglade et Durrieu, l'organisation d'un *service médical par canton;* M. Richard (du Cantal) apportait un système de *réorganisation des haras* et les moyens pour *détruire les insectes nuisibles à l'agriculture*, etc. Nous omettons plusieurs de ces propositions pour nous en tenir à une seule qui, en quelque sorte, les résume toutes : c'est celle de MM. Valette (du Jura), Richard (du Cantal) et de Tillancourt sur *les travaux préparatoires pour la confection du code rural*, qui est la consécration législative du *mémoire* que nous publions aujourd'hui.

Presque toutes ces propositions sont restées à l'état de rapport. La Constituante, absorbée qu'elle était par la Constitution et par les tiraillements politiques, après la loi sur l'enseignement agricole, n'a rien fait de remarquable pour le cultivateur. Depuis que l'Assemblée législative siége, quelques-uns des projets soumis à la Constituante ont été repris; des propositions nouvelles ont aussi été faites sur diverses branches de l'économie rurale. Citons entre autres celles de M. Pelletier, sur l'*extinction du paupérisme;* de M. Richard (du Cantal), sur *les épizooties;* de M. de Grammont relative à la *répression des mauvais traitements exercés sur les animaux;* de M. Fouquier d'Hérouel, sur la *prestation en nature;* de M. Mauguin, sur les *banques cantonales;* de MM. Marc Dufraisse et consorts, sur la *police de la chasse;* de quatorze représentants, tendant à *favoriser les associations agricoles*, etc., etc. Toutes ces propositions et d'autres encore qui se préparent, attestent que notre système de lois rurales est vermoulu; qu'enfermée dans ce cercle étroit, notre agriculture étouffe, et que pour lui donner de l'air, il faut la doter d'un Code.

En récapitulant cet historique, on voit que deux grands faits y dominent. De 89 à 1834, tous les efforts tendent vers la codification. Après 1834, on abandonne cette idée pour s'en tenir au morcellement législatif pratiqué sur une si large échelle depuis la révolution de février. Lequel de ces deux systèmes est préférable? Est-ce celui qui veut réunir toutes les lois en une synthèse harmonieuse, ou celui qui tend à les diviser à l'infini? Si le premier l'emporte incontestablement sur le second, pourquoi ne reviendrait-on pas à l'idee d'un Code?

Pour résoudre ces questions, nous croyons devoir rechercher les causes qui ont fait avorter les essais de codification tentés sous l'empire, sous la restauration et sous le gouvernement déchu. Si nous parvenons à établir que toutes ces déceptions sont dues, d'un côté, à la fausse direction donnée aux travaux préparatoires, de l'autre au choix peu intelligent qui fut fait des différentes commissions de rédaction, nous aurons prouvé que la confection du Code rural n'est pas impossible et qu'il faut nous hâter de substituer l'unité au morcellement législatif.

Un Code est une œuvre d'art, dont la confection est soumise à des règles certaines; elle exige des matériaux pour former l'édifice, des hommes pour disposer ces matériaux. Ces deux éléments sont essentiels. Les matériaux se puisent dans les lois existantes, les doctrines des jurisconsultes, les pratiques de la jurisprudence, les théories des économistes. Lorsque ces éléments manquent à un peuple, il peut emprunter à ses voisins les institutions qui s'adaptent le mieux à ses mœurs et à ses besoins. Ce choix et l'arrangement des matériaux dont on dispose constituent l'œuvre d'art.

Cette œuvre qui consiste à prendre des faits isolés, à les analyser et à les soumettre à une commune mesure par la synthèse, exige dans ceux qui l'entreprennent des connaissances approfondies en économie politique, en législation et en jurisprudence; elle exige encore des méditations profondes, une application soutenue que le calme et l'isolement peuvent seuls donner.

Ces règles incontestables ont-elles été suivies dans la préparation du Code rural? Non. Le gouvernement impérial, il est vrai, essaya de réunir quelques rares matériaux, mais la restauration et le pouvoir déchu ne se préoccupèrent pas de cette idée. Au lieu de fouiller dans le droit coutumier, dans les recueils des ordonnances, dans les greffes des parlements, au lieu de réunir les usages locaux, de faire traduire les lois rurales des peuples civilisés, et de préparer un projet original, M. Laisné et M. Duchâtel aimèrent mieux, malgré ses nombreuses imperfections, s'en tenir au travail de M. de Verneilh. Était-il donc possible de faire un Code rural, lorsqu'on manquait de matériaux?

Les hommes choisis aux différentes époques pour rédiger ce Code, contribuèrent plus encore que l'absence de documents à faire avorter l'entreprise. L'empire confia cette tâche à des agronomes et à des administrateurs; le gouvernement déchu en chargea presque exclusivement des hommes politiques. Les premiers n'étaient pas assez jurisconsultes, les seconds pas assez agronomes; tous étaient absorbés par des fonctions qui ne leur laissaient ni assez de temps pour préparer les matières, ni assez de calme pour les méditer et les mettre en œuvre. Afin de mieux faire saisir notre pensée, nous allons reprendre chaque commission en particulier, et démontrer que ses travaux devaient nécessairement rester sans résultat.

La première commission nommée en 1804 par Chaptal se composait de six membres. Elle fut reconstituée vers le commencement de 1807 par M. de Champagny, qui la réduisit à quatre: Huzard, médecin vétérinaire; Tessier, agronome; Just de la Tourette et de Divonne, administrateurs. Ces hommes avaient-ils en législation les connaissances nécessaires pour imprimer à leur œuvre l'unité de système et la généralité de vues qui caractérisent le Code civil? Non, leur inexpérience se découvre à chaque page de leur travail. En effet, leur tâche devait surtout consister à mettre le Code rural en harmonie avec le Code civil et le Code de procédure tout nouvellement promulgués alors, et dont leur projet ne devait être que le complément. Mais ils ne purent établir cette harmonie, parce qu'ils manquaient de connaissances juridiques.

Comme marque de leur ignorance, citons quelques-unes de leurs opinions sur les *cours d'eau*. D'après l'art. 42 du projet, il ne serait pas permis à un particulier d'intercepter une source qui prend naissance dans son fonds, mais qui sourdit chez le voisin, doctrine contraire à la maxime *que la propriété du sol entraîne la propriété du dessus et du dessous*, art. 552 du Code civil. L'art. 47 du projet attribue aux riverains des petites rivières la propriété du lit et des eaux, disposition contredite par les art. 563 et 664 du Code civil. Enfin l'art. 48 du projet veut qu'il soit tracé au milieu du lit une ligne séparative invariable, nonobstant la direction des eaux, opinion en dissidence avec l'art. 556 du Code civil. Nous pourrions multiplier les exemples; mais il nous suffira de dire que ce défaut d'harmonie avec les Codes déjà promulgués fut vivement critiqué par les *commissions consultatives*. Ces citations prouvent que les rédacteurs du premier projet n'avaient aucune notion de droit civil, qu'incapables de rédiger un Code, leur œuvre n'était pas digne d'aborder l'enceinte législative.

Le gouvernement lui-même sentait si bien cette vérité, qu'il chargea M. de Verneilh de préparer un nouveau projet plus large, plus approprié aux besoins de l'agriculture. M. de Verneilh était-il homme à remplir les vues du gouvernement impérial? Les faits répondent que non. Au fond, il possédait un bagage juridique fort mince, son esprit manquait de synthèse; en la forme, son style diffus n'avait ni la clarté, ni la précision qui sont essentielles au législateur. Au lieu de s'arrêter aux grands principes, il ne sut que se perdre dans des détails réglementaires ou reproduire en termes plus obscurs des dispositions déjà consacrées par le Code civil. Ainsi, il veut que tout moulin soit pourvu de balances (art. 733); il fixe le chiffre de la rétribution due au meunier (734); il détermine le rendement en farine et en issues par chaque quintal métrique de grains (735), détails tout au plus dignes d'une ordonnance de police.

Les nombreux emprunts que M. de Verneilh fait, sans le savoir, au Code civil, prouvent son ignorance en matière de législation. Dans l'art. 491, il permet au propriétaire de *retenir les meubles, effets, denrées et portions de récoltes appartenant au colon sortant, jusqu'au règlement de compte de colonnage.* Pourquoi répéter un principe déjà consacré par le Code civil, qui accorde au propriétaire *un privilége sur tout ce qui garnit la ferme*, et rendre en termes diffus ce que l'article 2102 exprime très-laconiquement? Plus loin, article 660, M. de Verneilh déclare: *que les héritages ruraux indivis dont les propriétaires jouissent, dans quelques pays, par alternat de récoltes ou en vertu de partages périodiques, à quelque titre et sous quelque dénomination que ce soit, pourront être partagés ou licités à la demande de la majorité des intéressés, calculée sur l'étendue des propriétés respectives et sauf indemnité lorsqu'il y aura lieu.* Cette disposition fait encore double emploi avec l'art. 815 du Code civil qui dit en termes très-brefs: *Nul ne peut être contraint à demeurer dans l'indivision.* Nous avons extrait ces passages de M. de Verneilh pour montrer combien son style est obscur, diffus, et combien ses connaissances en droit étaient insuffisantes. Ces échantillons suffiront sans doute pour nous autoriser à conclure qu'il était incapable de rédiger un projet sérieux de Code rural.

Nous passons à la commission de 1818 sur laquelle nous manquons de renseignements: nous ne savons de combien elle se composait de membres ni quel était leur nom. L'un d'entre eux, dans une lettre que nous avons sous les yeux, remerciait M. Laisné de l'honneur qu'il lui avait fait en le désignant membre de la commission du Code rural. « Je suis très-flatté de cette marque » de confiance, disait-il; je chercherai à la justifier en suppléant » par mon zèle les connaissances positives et l'expérience qui » me manquent sur cette matière. » Ainsi voilà un membre de la commission de 1818 qui avait *beaucoup de zèle*, mais qui avouait lui-même son *inexpérience* en matière de législation. Il est à présumer que ses collègues étaient de la même force. Que pouvaient donc faire de pareils hommes? Cependant les documents officiels nous affirment que cette commission se serait *livrée à de longues recherches.* Mais nous n'en croyons rien, lorsque nous la voyons déclarer que *les lois existantes paraissaient suffire à tous les besoins, et qu'elle regardait comme superflu la publication d'un Code rural.* De pareilles conclusions pouvaient-elles émaner d'hommes sérieux, vraiment expérimentés?

Arrivons à la commission de 1834, composée de pairs, de députés, de conseillers d'État, des sommités de la magistrature. Ces personnages jouissaient-ils d'assez de loisirs, avaient-ils assez de calme pour se consacrer entièrement à la tâche qui leur était dévolue? Non. Absorbés qu'ils étaient par les exigences du monde et par les devoirs de leur position, ils manquaient de temps pour s'occuper d'une œuvre aussi longue, aussi grave, aussi difficile, que la rédaction du Code rural. En droit, rien ne s'improvise. Serait-on jurisconsulte consommé, qu'on ne pourrait, sans préparation, concourir à la discussion d'une loi. A plus forte raison aurait-on besoin d'étudier s'il s'agissait d'un Code, travail qui demande une application soutenue, des méditations profondes qu'on ne saurait exiger d'hommes lancés dans la politique ou dans les fonctions de la magistrature[1].

Qu'aurait dû faire la commission si ses membres avaient eu le temps et le calme nécessaires pour accomplir l'œuvre qui leur était confiée? Elle aurait dû circonscrire les limites du droit rural, en rassembler les matériaux, arrêter une classification, se fixer sur le système général à adopter dans le Code, rédiger un avant-projet qui aurait servi de texte à la discussion. Au lieu de cela, que fit la commission? elle suivit les errements de sa devancière. Dès la seconde séance le rapporteur de la première

[1] Cette commission se composait de MM. Decazes, grand référendaire de la chambre des pairs; Séguier, premier président de la cour de Paris, pair de France; général Demarçay, député; général Bugeaud, id.; Darblay, négociant agriculteur, député; Mathieu de Dombasle, fondateur de Roville; de Saunac, maître des requêtes au conseil d'État; Huzard, médecin vétérinaire; Legrand (de l'Oise), directeur général des forêts; Jaubert, député; Vivien, député; Maillard, conseiller d'État; Tarbé de Vauxclairs, id.; Vincens, directeur au ministère du commerce; Laplagne-Barris, avocat général à la cour de cassation; Terray, conseiller auditeur à la cour de Paris; de Cambis, propriétaire; Mirbel, professeur de culture au Jardin des Plantes; Hély d'Oissel, auditeur au conseil d'État; Mortimer-Ternaux, id.; Vuillefroy, id.; ces trois derniers en qualité de secrétaires. On peut consulter sur cette partie de notre travail les *procès-verbaux* manuscrits des séances de la commission de 1834, déposés au ministère de l'agriculture et du commerce, auxquels nous avons eu recours.

sous-commission, déclarait « que la rédaction d'un projet » avant la délibération lui *avait semblé tout à fait inutile;* » que la lecture du projet de M. de Verneilh, qui, en quelque » sorte, était le résumé des observations présentées par les com- » missions consultatives, lui *paraissait le meilleur mode à suivre* » pour la régularité de la discussion. » Si le mode dont parle le rapport n'était pas le meilleur, il était du moins le plus facile. Des hommes absorbés par la politique auraient-ils eu assez de loisirs, assez de liberté d'esprit pour rédiger un avant-projet propre à servir de texte à la discussion? Ils n'avaient pas un seul instant à lui consacrer; aussi s'en tiendront-ils au projet de M. de Verneilh.

La discussion de ce projet commence donc. La commission aura-t-elle du moins plus d'instants à lui donner? Non. Les membres qui n'avaient pas eu le temps de rédiger un avant-projet, n'en ont pas davantage pour élaborer le travail qui doit leur en tenir lieu; aussi arrivent-ils aux réunions avec des idées quelquefois fausses, souvent confuses, toujours vagues. Sur la question de la vaine pâture, par exemple, les procès-verbaux nous révèlent les erreurs les plus grossières, l'inexpérience la plus caractérisée. Certains membres confondent la *vaine pâture* avec le *pâturage dans les bois;* d'autres, avec la *dépaissance sur les terres incultes;* d'autres, avec le *droit de secondes herbes.* Peu d'entre eux paraissaient se douter que l'expression de *vaine pâture* est l'opposé de *pâture vive* ou *grasse;* que la *vaine pâture* s'exerce sur les terres labourables et les prairies *après l'entier enlèvement des récoltes;* que la *pâture vive* ou *grasse* consiste *à faire manger la récolte sur pied;* que dès lors le parcours dans les forêts ou sur les terres incultes constitue la *pâture vive* ou *grasse;* que le *droit de secondes herbes* n'est pas *une servitude,* mais un *démembrement de propriété.* Pourquoi tant d'erreurs, tant de confusion sur des matières aussi simples? C'est parce que, nous ne saurions trop le répéter, les membres de la commission n'avaient ni assez de loisirs ni assez de calme d'esprit pour étudier, pour coordonner les éléments du Code rural.

Mais la commission de 1834 avait un grave défaut : elle était trop nombreuse. M. Duchâtel, en la composant de vingt et un membres, voulait qu'elle pût *se diviser en sections pour approfondir et abréger le travail.* Eh bien! c'était encore là une erreur. La division du travail est chose excellente en industrie; on peut aussi s'en servir avec succès pour la confection d'un dictionnaire ou d'une compilation; mais qu'on l'applique utilement à la rédaction des lois, c'est ce que nous ne saurions comprendre. Le plan, la classification, l'économie générale d'un Code ne peuvent être l'œuvre de vingt et une personnes. De deux choses l'une: ou ces vingt et une personnes auront également étudié la législation qu'il s'agit de codifier, et alors il leur sera difficile d'être animées de l'unité de vues qui doit caractériser une telle œuvre; ou ces vingt et une personnes n'apporteront que des idées vagues, mal digérées, et alors ce ne sera pas la multiplicité de systèmes qu'il faudra craindre, mais l'absence de tout système. Dans l'une ou l'autre hypothèse, la commission sera également impuissante. Pourquoi, d'ailleurs, tant de monde, lorsque l'expérience prouve que dans les assemblées les plus nombreuses la discussion se restreint toujours entre un petit nombre de personnes? Dans la commission de 1834, cinq ou six membres seulement ont pris une part active aux délibérations. Était-ce donc la peine de déranger les autres, qui n'assistaient aux réunions que pour l'acquit de leur conscience?

Depuis la chute de l'empire, deux causes ont entravé les réformes juridiques et empêché la bonne confection de lois. Ces causes sont d'une part le système des commissions, de l'autre le mode de discussion adopté dans nos assemblées législatives.

Le système des commissions favorise merveilleusement la paresse et le mauvais vouloir de la bureaucratie. Une question est-elle à l'ordre du jour, que font les bureaux du ministère qu'elle concerne? Ils nomment une commission qu'ils chargent de préparer un projet de loi : cela fait, les bureaux se rendorment. La commission, composée d'hommes politiques, de gens fort occupés, tient quelques séances, émet quelques idées vagues, puis, sentant son impuissance, se dissout sans avoir rien arrêté. Un jour l'attention publique se réveille; on se demande ce que devient le projet de loi si impatiemment attendu. On apprend alors que la commission n'a rien fait, et que le ministre, pour calmer l'opinion, vient d'en nommer une nouvelle qui suivra sans doute les errements de l'ancienne. C'est ainsi qu'on endort les intérêts mis en souffrance par la paresse bureaucratique. Combien, depuis trente ans, n'a-t-on pas nommé de commissions chargées de préparer des projets de loi sur l'*endiguement des rivières*, le *desséchement des marais*, le *défrichement des terres incultes*, les *irrigations*, etc.! Quelles lumières les travaux de ces commissions ont-elles jetées sur toutes ces questions vitales? aucune. Ce système est donc un leurre inventé par la bureaucratie pour mettre sa responsabilité à couvert et se faire de gras loisirs. Là est la cause qui entrave les réformes les plus légitimes.

Quant au mode de discussion adopté par nos assemblées législatives, il introduit la confusion dans les lois. Tout nouvel élu, fraîchement arrivé de sa province, a les mains pleines d'amendements sur des questions que souvent il ne connaît pas, dans l'unique but de voir son nom briller au *Moniteur*. Ces habitudes sont regrettables, car un projet de loi est comme une voûte d'où l'on ne peut extraire une pierre sans s'exposer à renverser tout l'édifice. Introduire un amendement dans un projet qu'on n'a pas profondément médité, c'est presque toujours en déranger l'harmonie, et faire dire au législateur plus ou moins qu'il ne voulait dire. Ne pourrait-on trouver remède à cette fièvre d'amendements qui dévore nos honorables?

Certes, avec un pareil système, la confection des Codes dont le consulat et l'empire ont doté la France n'eût pas été possible. Lorsque du champ de bataille de Marengo, le général Bonaparte nommait les rédacteurs du Code civil, ce n'est pas parmi les hommes politiques qu'il les choisissait, mais parmi nos grands jurisconsultes. Au lieu de former une commission de vingt et une personnes, il la réduisait à quatre, parce qu'il savait que plus nombreuse cela aurait nuit à l'unité de l'œuvre. Avant d'être soumis aux délibérations du corps législatif, le projet de la commission fut discuté dans le conseil d'État, d'où il sortit armé de toutes pièces, comme Minerve du cerveau de Jupiter. Pourquoi, depuis lors, avons-nous abandonné un système qui a doté la France des Codes qui font aujourd'hui sa gloire et son orgueil? Si, en 1834, au lieu de former une commission de vingt et un membres on l'avait réduite à quatre, si au lieu de choisir des hommes politiques, des fonctionnaires absorbés par les devoirs de leur position, on avait choisi des jurisconsultes-agronomes, malgré les imperfections du mécanisme législatif, notre agriculture aurait assurément son Code.

Maintenant, il résulte des considérations auxquelles nous venons de nous livrer :

1° Que depuis 1789 tous les gouvernements qui se succèdent en France se sont préoccupés de la codification des lois rurales;

2° Que l'empire a fait deux projets de Code rural; que la restauration et le gouvernement déchu ont voulu achever les travaux de l'empire.

La République, dont toutes les aspirations doivent tendre vers le développement de l'agriculture, notre seule planche de salut, peut-elle se montrer moins favorable à cette industrie que ne l'ont fait l'empire, la restauration et le gouvernement déchu? Non. Qui dit république, dit amélioration des masses, extinction du paupérisme, réalisation du bien-être général. Or comme tous ces changements ne peuvent s'opérer que par un accroissement dans la production, et que tout accroissement dans la production implique une meilleure organisation de l'agriculture, la confection du Code rural, comme moyen organique, est une des premières conséquences de la révolution de février.

Depuis cette révolution, en effet, de nombreuses propositions législatives ont été faites sur presque toutes les branches de l'économie agricole. Mais ces propositions ont un vice radical. Élaborées sans système préconçu, elles augmentent encore la confusion du droit rural. Quel ensemble pourrait-il y avoir dans une législation que chacun de nos représentants traite à son point de vue et mesure à ses impressions ou à son savoir personnel? Si toutes les forces, toute l'intelligence dépensées par les constituants et par les membres de l'assemblée actuelle à rédiger des projets sur l'agriculture, l'avaient été d'après un plan rationnel, le Code rural serait aux trois quarts fait aujourd'hui. Il s'agirait donc de reprendre tous ces travaux, de les coordonner, de mettre entre eux l'harmonie, pour en former une loi unique. Nous le répétons, la République ne peut rester en arrière des gouvernements qui l'ont précédée. Si ces gouvernements ont, chacun dans les limites de leurs pouvoirs, essayé sans succès la codification des lois rurales, il appartient à un régime issu du suffrage universel de reprendre les projets de ses devanciers et de les conduire jusqu'à parfaite réalisation. Tout retard, toute hésitation sur ce point, seraient pour nos 25 millions de cultivateurs et de propriétaires un véritable déni de justice.

La confection du Code rural est un besoin qui s'élève à la hauteur d'une question sociale. Dans l'état actuel notre législation agricole se compose de lois éparses, faites sans ensemble de vues, promulguées à des époques différentes, remplies de dispositions qui se contredisent, ce qui multiplie les procès, fait triompher la mauvaise foi, et devient pour l'agriculture une cause incessante d'appauvrissement. Toutefois ces défauts ne sont pas les seuls. De nombreuses lacunes existent dans nos institutions rurales. Les emprunts sur hypothèques ruinent les propriétaires; les fermiers, les cultivateurs, ne jouissent d'aucun crédit. La grêle, la gelée, les épizooties, les inondations causent annuellement de grandes pertes; l'agriculture est privée d'organes officiels qui fassent prévaloir ses intérêts dans les conseils du gouvernement. Un cinquième du territoire est inculte ou couvert d'eaux stagnantes; nos rivières et nos fleuves roulent vers la mer leurs flots inutiles, alors que faute d'irrigations nous manquons de fourrages, etc. Tant d'imperfections, dont nous abrégeons la liste, sont des obstacles invincibles aux améliorations. Des lois homogènes, un Code bien fait, peuvent seuls renverser ces obstacles et devenir les meilleurs instruments de progrès. Le gouvernement doit donc, sans retard, mettre la main à l'œuvre.

La confection du Code rural est un travail difficile, le passé nous l'atteste, et qui exige de ses rédacteurs une aptitude et des connaissances toutes particulières. Indépendamment de l'économie politique, de la législation et de la jurisprudence, ses rédacteurs devraient encore savoir l'agriculture pratique et l'économie agricole. L'agriculture pratique initie à toutes les questions techniques de mécanique et de constructions rurales, de géologie appliquée à la connaissance des terrains, d'assolements, d'éducation, de croisement et d'amélioration du bétail, de manipulation et de conservation des récoltes, etc. La pratique éclairerait donc les rédacteurs du Code sur toutes les questions de servitudes urbaines ou rurales, sur les contestations qui surgissent entre propriétaires et fermiers relativement au degré de fécondité des terres données à bail; sur les vices rédhibitoires et la part d'intervention que l'autorité pourrait prendre dans la reproduction des espèces; sur les mesures de police propres à assurer la conservation des récoltes sur pied ou détachées du sol, etc.

Quant à l'*économie agricole*, la science qui lie l'agriculture à la politique, à l'administration, à l'économie sociale, les rédacteurs du Code rural devraient la posséder à fond. L'économie agricole, en effet, pose les limites de l'action administrative dans la production générale; elle nous montre les institutions qui nuisent à l'agriculture et celles qui hâteraient son développement; enfin, elle trace au législateur la marche à suivre pour doter l'industrie par excellence de bonnes lois organiques. Certes, s'il est une science que les rédacteurs du Code rural devraient connaître, c'est celle qui va chercher jusque dans les entrailles de la société les causes qui accélèrent ou retardent les progrès de la richesse publique. Il serait donc indispensable que ces rédacteurs fussent à la fois jurisconsultes et agronomes.

Est-ce ainsi que les organisateurs de l'institut de Versailles ont compris une question aussi importante? Non. Par une méprise qu'on ne saurait qualifier, dans le programme du concours pour la chaire d'*économie et de législation rurales*, ces hommes nous déclarent « qu'il n'est jamais entré dans la pensée de ceux qui » ont proposé et voté le décret relatif à l'enseignement profes- » sionnel de l'agriculture de faire de Versailles une école de *ju-* » *risconsultes agricoles*...; qu'il s'agit là d'une étude générale à » laquelle un *très-petit nombre de leçons* devra nécessairement » suffire. » Que signifie une pareille déclaration? Est-ce que les bureaux de l'agriculture comptent dans leurs rangs des jurisconsultes agricoles capables de confectionner le Code rural? Si en matière de législation leur inexpérience est plus que certaine, pourquoi réduisent-ils à un *très-petit nombre de leçons* l'enseignement d'une science qu'ils auraient tant d'intérêt à connaître? Est-ce que la confection du Code rural ne s'élève pas aujourd'hui à la hauteur d'une question sociale? Mais si on ne forme pas de jurisconsultes agronomes, comment cette question pourrait-elle être résolue? Qui veut la fin veut les moyens. Si vous désirez que le Code se fasse, préparez-en les éléments, à moins que vous ne disiez, avec M. Dupin, que la confection du Code rural est impossible.

Cette opinion, partagée par beaucoup d'hommes d'État, nous étonne chez M. Dupin. Qu'une personne étrangère à la science et à l'histoire du droit vint nous dire : le Code rural est une utopie, une chose irréalisable, nous le concevrions; mais que ce soit un jurisconsulte éminent, M. Dupin lui-même qui soutienne de pareilles erreurs, cela doit nous paraître étrange. Or comme ces idées ont certaine créance dans le monde politique, nous allons les réfuter. Les objections se réduisent à trois.

On dit d'abord que les intérêts du sol et de la production sont si nombreux, si variés, si délicats, qu'il serait impossible de les compter, de les réunir, de les disposer dans un ordre méthodique.

Cette objection se réfute par des considérations historiques. Lorsqu'au commencement de ce siècle on voulut doter notre pays d'une loi civile uniforme, ce projet était autrement difficile que le Code rural qu'il s'agit de faire aujourd'hui. La France, on ne l'a pas oublié, était alors régie, dans le Nord par soixante coutumes générales, dans le Midi par le droit romain. Il y avait en outre trois cents coutumes locales, la jurisprudence des parlements, les édits et ordonnances des rois qui avaient force sur tout le territoire. Le Code civil ne devait être que la fusion de tous ces éléments hétérogènes, l'accord de tant d'intérêts si divers. La tâche était donc comme impossible, car le Code civil règle les points de législation les plus obscurs, les plus délicats.

Rien, en effet, n'égale la complication des titres du Code qui déterminent les rapports de famille, de paternité et de filiation, les droits de succession et de propriété, les effets des obligations et des hypothèques. Quoi de plus simple, au contraire, que la législation sur les marais, les terres incultes, les étangs, les forêts, les vices redhibitoires, les lapins, les volailles, la chasse, la pêche, les mines, la police rurale, etc.? Or si malgré l'antagonisme des coutumes, du droit romain et des ordonnances, si malgré la complication des droits de famille et de propriété, des contrats et des hypothèques, nos pères ont pu, dans moins de quatre ans, codifier nos lois civiles, pourquoi ne ferions-nous pas de même pour nos lois rurales, infiniment plus simples? Ne soutenons donc plus, avec M. Dupin, que la confection du Code rural est impossible; autrement on serait en droit de nous dire : *vous êtes des fils dégénérés!*

La seconde objection se tire de l'état peu avancé de notre agriculture. Il existe, dit-on, une relation intime entre une industrie et la législation qui la réglemente. Si cette industrie est avancée, sa législation sera avancée; si elle est encore informe, ses lois seront informes. Or, comme notre agriculture est très-imparfaite, les lois qui la régissent se ressentent forcément de cette imperfection. Il serait donc prématuré de promulguer un Code que les progrès de l'économie rurale rendraient bientôt insuffisant.

Cette objection renferme un cercle vicieux. Quel est le rôle du législateur? Consiste-t-il uniquement à consacrer la routine, ou bien à prendre l'initiative et s'élancer dans l'avenir? Si notre agriculture est en retard, faut-il attendre pour la tirer de l'ornière que nos cultivateurs soient animés de l'esprit nouveau? La mission de la loi n'est-elle pas de provoquer les réformes par de meilleures institutions? La Prusse, il y a quinze ans, ne connaissait pas les irrigations. A-t-elle attendu, pour faire une loi sur cette importante matière, que son territoire fût sillonné de canaux d'arrosage? Non. Le législateur a pris les devants, il a fait un emprunt aux lois de la Lombardie, et c'est à son initiative que sont dues les belles dérivations qui fécondent aujourd'hui l'Allemagne. Imitons cet exemple, empruntons aux peuples civilisés les institutions agricoles qui nous manquent; demandons à la Prusse ses *associations territoriales*, au Wurtemberg ses *assurances* et ses *banques communales*, à la Sardaigne ses *chambres consultatives*, à l'Angleterre ses *écoles de village*, etc.; ouvrons les économistes, les agronomes, examinons leurs théories, donnons la consécration législative à celles qui sont le plus praticables; en un mot faisons un Code rural qui soit un instrument de progrès, et cette œuvre n'aura rien à redouter du progrès.

La troisième et dernière objection est relative aux *usages ruraux*. On dit, d'une part, que ces usages occupent une place considérable dans la législation agricole; de l'autre, que leur nombre et leur variété empêcheront toujours qu'on ne leur substitue des dispositions uniformes pour toute la France. Or, puisqu'une partie du droit rural est condamnée à rester dans le vague des coutumes, on en conclut qu'un Code manquerait le but, puisqu'il ne comprendrait par toutes les matières rurales.

Cette objection n'est pas plus solide que les deux autres. Il n'est pas vrai de dire que les *usages* forment une partie importante du droit rural. Depuis qu'en vertu d'une circulaire de M. Martin (du Nord), ils ont été réunis dans certaines localités, on a pu se convaincre qu'ils ne touchent qu'à des questions de détail; tous les rapports agricoles de quelque importance sont réglés, soit par le Code civil, soit par des lois particulières. Insistons sur ce point en donnant la nomenclature des principaux usages.

Quelques-uns d'entre eux sont mixtes, c'est-à-dire régis et par la loi et par la coutume: tels sont les bans de moissons et de vendanges, le glanage, le ratelage, le chaumage, le grapillage, le parcours et la vaine pâture. La loi du 28 septembre 1791 et le Code pénal consacrent ces différentes restrictions au droit de propriété; les usages locaux en déterminent le mode d'exercice. Pour la vaine pâture, par exemple, un arrêté municipal fixe — le nombre de têtes de bétail par habitant, — si le parcours aura lieu isolément ou par troupeau commun; — à quelle époque de l'année la vaine pâture sera ouverte ou close. Des arrêtés analogues statuent sur le grapillage, la glanage, etc., sur l'ouverture des vendanges et des moissons partout où les bans n'ont pas cessé d'être en vigueur.

D'autres usages, et ce sont les plus importants, reçoivent leur force du Code civil, qui se borne à y renvoyer pour tous les rapports qu'il néglige lui-même. Ces usages s'appliquent aux servitudes et aux baux à ferme. *Pour les servitudes*, ils déterminent — la distance à laisser, soit entre les plantations, soit entre les fossés et l'extrême limite des héritages; — la hauteur des murs de séparation dans les villes et faubourgs; — les travaux à exécuter lorsqu'on veut creuser contre un mur ou y adosser certaines constructions; — le mode de distribution des eaux entre riverains de petites rivières lorsqu'il s'élève des contestations sur ce point. *Pour les baux à ferme*, en l'absence de stipulation expresse les usages règlent : la durée du bail; — les époques de l'entrée en ferme et du payement du fermage; — les réparations à la charge du preneur; — la quantité de terrain qui doit être emblavée à la sortie; — l'âge requis pour tailler les arbres forestiers ou émonder les haies; — le moment convenable pour donner congé; — les droits et les devoirs respectifs du fermier sortant et du fermier entrant.

Indépendamment de ces usages généraux à toute la France, il en existe d'autres particuliers à certaines localités : tels sont ceux qui régissent les étangs de la Bresse, de la Brenne, de la Sologne et du Jura. Dans la Bresse, les étangs sont construits en étage le long des vallées : les eaux de pluie les alimentent. Tous ceux d'un même bassin sont, suivant la coutume, soumis à un assolement régulier et forcé : deux années en poisson, une année en céréales. Chaque propriétaire est tenu de recevoir les eaux d'amont ou de tirer ses bondes, suivant le point où est parvenue la rotation.

Les usages démembrent encore la propriété de l'étang et la font reposer sur différentes têtes. Ainsi l'*évolage*, c'est-à-dire le sol en eau, n'appartient pas à la même personne que l'*assec*, c'est-à-dire le sol durant l'année de culture. Les riverains ont, en outre, sur l'étang, droit de *brouillage* ou de pâturage, droit de *naizage* ou de faire rouir le chanvre dans les eaux. Enfin, les habitants de la commune ont encore droit de *vaine pâture* qui s'exerce simultanément sur l'*assec* et sur l'*évolage*.

Tous les usages que nous venons d'énumérer forment les neuf dixièmes de la législation rurale-coutumière, tandis qu'ils ne comprennent pas la centième partie du droit rural proprement dit. Quand bien même ils ne figureraient pas dans le Code, le vide qu'ils y laisseraient serait donc peu considérable. Mais au point où nous sommes parvenus, on pourrait sans inconvénient faire disparaître les uns et ramener la plupart des autres à une règle uniforme.

Les usages qu'il faudrait supprimer, sont : les bans de vendanges et de moissons, le glanage, le ratelage, le chaumage, le grapillage, le parcours et la vaine pâture, contre lesquels on réclame depuis si longtemps. Nous rangeons encore dans cette catégorie les usages relatifs aux étangs. L'incertitude qu'ils jettent sur ce genre de propriété est le plus grand obstacle aux desséchements, et à la mise en culture de plus de 200,000 hectares qu'ils recouvrent. Le Code rural devrait donc réunir l'*assec* et l'*évolage* sur la même tête, et ordonner le rachat des droits de *brouillage*, de *naizage* et de *vaine pâture*. C'est dans ce sens qu'est conçue la proposition faite à l'Assemblée nationale constituante par M. Durand de Romorantin.

Resteraient les usages relatifs aux servitudes et aux baux à ferme dont la majeure partie pourrait sans inconvénient être ramenée à une règle uniforme. *Pour les servitudes*, nous signalons la distance des plantations ou des fossés limitrophes, et la hauteur des murs de séparation entre deux héritages; *pour les baux à ferme* nous désignerons spécialement : les époques de l'entrée en jouissance, de la sortie et du payement des fermages; — les réparations à la charge du preneur; — les contenances qui seront emblavées à la sortie; — le moment où le congé pourra être donné; — enfin les droits et les devoirs respectifs du fermier entrant et du fermier sortant. Quant aux usages relatifs à la distribution des eaux le long des petites rivières, il faudrait les remplacer par un système général d'irrigation.

Vainement dirait-on que le Code civil ayant respecté ces usages, le Code rural devrait aussi les respecter. Nous répondons que depuis le commencement du siècle nous sommes en voie de progrès; aujourd'hui on sent mieux qu'alors tous les bienfaits d'une législation uniforme. Dans l'exposé des motifs de l'article 671 du Code civil sur les plantations limitrophes, M. Berlier disait : « La conciliation des usages a été jugée impossible lorsqu'il a été question des plantations riveraines, ou » du moins il n'a pas été permis de les assujettir à une mesure » commune et uniforme. » De nos jours les choses sont bien changées; ce qu'en 1803 on n'eût pu faire sans soulever des résistances s'accomplit maintenant d'une manière spontanée; partout les populations renoncent aux usages pour suivre le Code civil. Il a été reconnu, dans la commission de 1834, qu'en ce qui concerne les plantations, la distance de 2 mètres fixée par l'article 671 est généralement suivie, bien que les coutumes admettent une distance moindre ou plus grande. Ces tendances fort remarquables faisaient dire à M. Laplagne-Barris *que les usages locaux tombent en désuétude*, et à M. Jaubert, que *depuis la promulgation du Code civil les usages tendent à se modifier.*

D'ailleurs, soutiendrait-on aujourd'hui que le XIXe siècle n'est point appelé à effacer de nos institutions les vieilles empreintes que le moyen âge leur a léguées? La première Constituante décréta l'égalité civile, l'unité politique du territoire, l'instruction pour le peuple, l'uniofrmité des poids et mesures. Par ces grandes réformes, elle effaça les différences de races et de castes, elle posa les bases de la centralisation, prépara l'émancipation des masses, ouvrit au commerce une brillante carrière. Maintenant que nous jouissons de l'unité politique et sociale, pourquoi n'aspirerions-nous pas à l'unité législative? Si les populations abandonnent spontanément les usages locaux pour se conformer aux Codes, cela ne prouve-t-il pas que ces usages ne suffisent plus à notre agriculture, et qu'il est temps enfin de leur faire subir une transformation?

Ainsi s'évanouit encore l'objection tirée des usages ruraux. Non, il n'est pas vrai de dire que ces usages forment une partie importante de notre droit rural; non, il n'est plus permis de soutenir que leur variété s'opposera toujours à ce qu'on leur substitue des règles uniformes. Il n'y a donc plus aucun obstacle à ce que les rédacteurs du Code en suppriment une partie, et que le reste subisse la métamorphose que les coutumes et le droit romain subirent au commencement du siècle.

On le voit, les arguments des adversaires du Code rural ne résistent pas à un examen attentif. Soit que l'on considère l'objection tirée de l'insuccès des travaux préparatoires, soit qu'on s'attache aux objections que nous venons de réfuter, on reconnaît que la prétendue impossibilité dont ils arguënt n'est pas soutenable. Nous croyons, au contraire, et nous espérons l'avoir démontré, que le droit rural se trouve aujourd'hui suffisamment élaboré pour qu'on en puisse former un Code; que si les différentes commissions n'ont pu aboutir, c'est qu'elles portaient en elles les causes de leur impuissance; que toutes les tentatives avortées ne doivent rien faire préjuger pour l'avenir; que notre jeune République manquerait à sa mission si elle ne s'efforçait pas de doter l'agriculture d'une législation homogène; qu'un gouvernement issu du suffrage universel se doit à lui-même de faire plus et mieux que les gouvernements monarchiques ses devanciers.

Maintenant que le terrain sur lequel nous voulions nous asseoir se trouve déblayé, il nous reste à présenter notre système. Quelles doivent être la nature et l'étendue des *travaux préparatoires pour la confection du Code rural?* dans quelle direction convient-il que ces travaux soient conduits? Telles sont les deux importantes questions qu'il nous reste à examiner; nous le ferons dans la seconde partie de ce *mémoire*.

SECONDE PARTIE.

Dans la première partie de ce travail, nous croyons avoir démontré :

1° Que si les essais de codification des lois rurales faits sous l'empire, sous la restauration, sous le gouvernement déchu, n'ont pas réussi, il faut l'attribuer à la fausse direction imprimée aux travaux préparatoires;

2° Que les hommes chargés de rédiger le Code rural étaient, les uns trop exclusivement jurisconsultes, les autres trop exclusivement agronomes, et que, pour conduire à bonne fin une pareille œuvre, il fallait être à la fois agronome et jurisconsulte;

3° Que les objections faites contre la codification, et tirées soit de l'état peu avancé de notre agriculture, soit de l'impossibilité de concilier les usages ruraux, soit des difficultés que l'on rencontrerait dans l'exécution matérielle du Code, ne sont pas sérieuses et manquent de fondement;

4° Que les lois rurales étant beaucoup plus simples que ne l'étaient les lois civiles au commencement de ce siècle, la confection du Code rural serait bien plus facile que ne l'a été la confection du Code civil;

5° Que tous les gouvernements qui se succèdent en France depuis cinquante ans ayant fait des travaux préparatoires, la République ne saurait rester en arrière, que son devoir impérieux est de doter notre agriculture d'une loi uniforme et homogène;

6° Enfin que pour atteindre sûrement ce but désirable, l'Assemblée nationale doit sans retard ordonner qu'il soit fait des travaux préparatoires, afin qu'avec les matériaux réunis on puisse rédiger un projet convenable, et le soumettre à la sanction législative.

Ces points solidement établis, il convient de nous occuper des moyens d'exécution.

En quoi les travaux préparatoires du Code rural devraient-ils consister?

D'après quelles règles faudrait-il les conduire?

Telles sont les deux graves questions qui se présentent et qu'il nous reste à examiner.

D'abord, on pourrait appliquer au Code rural le procédé que nous avons décrit plus haut, et dont on s'est si heureusement servi pour la confection du Code civil. Ce procédé consisterait à nommer une commission de quatre jurisconsultes ayant des connaissances agronomiques, lesquels seraient chargés de réunir les lois rurales existantes, de les mettre en harmonie avec les besoins de notre agriculture, de les jeter dans un même moule pour en faire sortir un tout homogène. Quelque imparfaite qu'elle fût, cette œuvre serait sans doute préférable aux lois éparses, confuses et souvent contradictoires qui nous régissent aujourd'hui. Toutefois, comme il conviendrait de ne pas brusquer un travail digne des plus grands soins, je proposerais un second moyen, plus lent il est vrai, mais dont les résultats seraient infiniment plus sûrs et plus féconds.

Au lieu de procéder sans retard au dépouillement de nos lois rurales et à leur classement dans un ordre méthodique, ne vaudrait-il pas mieux tout d'abord rassembler les matériaux propres à élever l'édifice que l'agriculture réclame? D'une part, notre droit ancien renferme des dispositions fort curieuses, fort sages, complétement ignorées aujourd'hui, et qu'on pourrait rajeunir avec succès; de l'autre, l'Allemagne, l'Italie, l'Angleterre, la Suisse et d'autres pays encore possèdent des lois, des institutions agricoles qui n'ont pas d'analogues en France, et dont la naturalisation serait un élément certain de prospérité. Pourquoi, en présence de notre pauvreté, laisserions-nous sans les exploiter deux filons aussi riches? Pourquoi encore ne colligerait-on pas nos usages ruraux restés en vigueur, et ne rejetterait-on pas ceux qui pourraient être réduits à une règle uniforme, nous bornant à conserver les usages qui offrent trop de diversité ou dont la suppression soulèverait trop de répugnances? Avant de commencer le nouveau Code, il faudrait donc réunir les vieux débris de notre jurisprudence agricole, faire traduire les lois rurales des différents peuples du globe, compiler avec soin nos usages locaux. Avec de tels éléments, la tâche des rédacteurs, regardée à tort comme une œuvre surhumaine, deviendrait simple, facile, et l'agriculture, après un temps très-court, aurait enfin un Code homogène.

Pour mieux faire sentir l'importance de ce point de vue, qui résume tout notre système, il convient d'entrer dans quelques développements. Nous serons bref sur notre ancienne jurisprudence, parce que les personnes qui l'ont étudiée savent tout le parti qu'on en pourrait tirer. Nous nous étendrons plus longuement sur la législation étrangère, qui nous est moins connue, et dont il importe de signaler l'utilité. Nous ajouterons que les traductions que nous demandons seraient à notre droit rural ce que les travaux de MM. de Saint-Joseph et Victor Foucher sont à nos différents Codes. .

Notre ancienne jurisprudence, dont nous nous occupons d'abord, renferme de nombreux éléments pour résoudre les questions agricoles à l'ordre du jour. Prenons la production chevaline, qui est l'objet d'une si vive polémique de la part des hommes spéciaux. Les départements qui se livrent à cette industrie réclament depuis longtemps contre l'usage des étalons *rouleurs*, la plupart entachés de vices héréditaires. Qu'a-t-on demandé pour remédier à une situation qui tend à la dégradation incessante de nos races? On a demandé que la reproduction fût interdite à tout étalon non régulièrement approuvé. Cette solution, qui va droit au but, est empruntée au règlement du 22 février 1717. Ce règlement défendait à tous propriétaires de chevaux entiers de les faire servir à la monte des cavales, s'ils n'avaient été vus et autorisés par les intendants, sous peine de confiscation et de 3,000 livres d'amende. Des dispositions analogues sont aujourd'hui en vigueur chez quelques peuples de l'Europe, et particulièrement en Belgique, où elles ont été introduites par un règlement du 20 août 1841.

La question chevaline nous conduit à parler de la médecine vétérinaire. Cette branche importante de l'art de guérir, fondée en France par Claude Bourgelat, est d'un puissant auxiliaire pour les éleveurs. C'est en effet le médecin vétérinaire qui instruit l'éleveur des règles de l'hygiène propres au bétail, de l'art de croiser utilement les races, de les multiplier avec profit, de les préserver de l'atteinte des maladies simples ou contagieuses. Eh bien! malgré les services inconstestables qu'ils rendent, nos médecins vétérinaires brevetés trouvent dans les empiriques des concurrents qui leur enlèvent presque toute la clientèle. Cet état de choses est doublement préjudiciable. D'une part, en éteignant toute émulation chez le vétérinaire, il empêche la science de progresser; de l'autre, il porte atteinte à la fortune publique, puisque, faute de soins intelligents, sur 52 millions de têtes de bétail il en périt chaque année 1,500,000 têtes, représentant en numéraire une perte sèche de 57 millions de francs.

Propose-t-on quelque moyen pour mettre un terme à ces dommages? On propose d'assimiler le médecin vétérinaire au docteur en médecine, c'est-à-dire de lui octroyer le monopole en l'art de guérir les bêtes, à l'exclusion des empiriques, qui ne pourraient faire de la pratique sans se voir contraints par action correctionnelle. Cette solution, adoptée dans un projet de loi qui s'élabore au ministère de l'agriculture, n'est pas d'invention moderne; elle est tirée d'un ancien arrêt du conseil rendu l'année où fut fondée l'école d'Alfort (1765). Cet arrêt accordait aux élèves sortis des *écoles royales*, après avoir subi toutes leurs épreuves, le *privilége exclusif* d'exercer la médecine vétérinaire. C'est sous l'égide de ce privilége que la science a grandi et que les disciples de Bourgelat ont rendu d'éminents services à l'agriculture.

D'autres services non moins considérables lui ont été rendus par les anciennes ordonnances qui défendaient la culture des terres en pente et le défrichement des bois. On sait que depuis quelques années les inondations sont plus fréquentes et causent plus de dégâts qu'il y a un siècle. Quelles sont les causes de ces terribles désastres? comment pourrait-on en prévenir le retour? Les causes sont dans le déboisement des montagnes, la culture des terres en pente, la destruction des gazons qui recouvraient les flancs escarpés. Les moyens de les prévenir devraient consister dans le reboisement de certaines parties dénudées, la réglementation des cultures sur les terrains en pente, la limitation du parcours sur les flancs des montagnes rapides. Tous ces moyens sont prévus par notre ancienne jurisprudence. L'ordonnance de 1669 prohibait le défrichement des bois, celle de 1667 défendait de cultiver les terres en pente. Enfin des règlements de police limitaient le parcours du bétail sur les pâturages communaux. Toutes ces dispositions pourraient être remises en vigueur; seulement, comme compensation de la limite qu'elles poseraient au droit de propriété, nous voudrions que les terres aujourd'hui le berceau des inondations *fussent dispensées de la contribution foncière*, ou tout au moins qu'elles fussent considérablement dégrevées.

Le même allégement peut se réclamer au profit des vignes plantées sur des coteaux rapides et dans l'intérêt des boissons, qu'il faudrait affranchir de tout impôt. Il y a un siècle à peine, la France était le premier pays de l'Europe pour la production du vin; nos crus ne connaissaient pas de rivaux. Depuis, sous l'influence d'une contribution foncière qui va toujours croissant, sous l'influence des droits nombreux qui grèvent les boissons, notre industrie viticole est tombée en pleine décadence. C'est l'exagération de la contribution foncière qui, en chassant la vigne des coteaux, a ruiné nos grands crus; ce sont les droits élevés qui, en frappant les vins de taxes doubles, quadruples de leur prix de revient, ont provoqué les falsifications et réduit les producteurs à l'état de misère.

Sous l'ancien régime, les choses se passaient bien autrement. La cotisation foncière des vignes était presque nulle, l'impôt sur les boissons peu considérable; une surveillance bien organisée réprimait les falsifications, une législation prévoyante maintenait à chaque culture la place que Dieu lui a désignée sur le globe. Un édit de Henri IV (1599) ordonnait aux officiers de veiller *à ce que en leur territoire le labour des semences des terres ne fût délaissé pour faire plant excessif de vignes*. Plus tard, en 1731, un arrêt défendit, sous peine de 3,000 livres d'amende, de faire sans permission des plantations nouvelles. La demande devait être adressée à l'intendant, qui, avant de l'accorder, s'assurait si le terrain à planter *n'était propre à aucune autre culture.* C'est avec cet ensemble de précautions que nos pays vignobles prospéraient et ne craignaient aucune concurrence. Serons-nous assez sages aujourd'hui pour évoquer les souvenirs du passé et leur demander un allégement aux maux qui nous affligent?

C'est encore dans les souvenirs du passé que le législateur moderne est allé puiser ses inspirations pour réprimer le braconnage, cette plaie de nos paisibles campagnes. Avant la loi du 3 mai 1844 sur la *police de la chasse*, la conservation des récoltes et le repeuplement du gibier n'étaient pas suffisamment garantis. Bien qu'à certaines époques de l'année la chasse fût close, les braconniers n'en continuaient pas moins leur détestable industrie, parce qu'une fois hors du lieu de chasse ils pouvaient impunément colporter le gibier et le vendre. Comment mettre un terme à un état de choses qui privait les bois de leurs paisibles hôtes et causait de notables préjudices aux fruits de la terre? C'est dans une ordonnance de 1602 que nos législateurs ont découvert le remède. Cette ordonnance défendait le colportage et la vente du gibier en temps prohibé; elle mettait l'acheteur sur la même ligne que le braconnier. C'est en rendant solidaires le chasseur, le colporteur, le vendeur et l'acheteur, que Henri IV put prévenir le braconnage. La loi de 1844, s'emparant de ces dispositions, les a fait revivre. Par là elle a empêché la dépopulation du gibier et suffisamment pourvu à la conservation des récoltes. Cet emprunt fait au passé par nos contemporains, prouve qu'après 89 nos pères furent injustes de rejeter sans examen les lois qui les avaient régis jusqu'alors. Mais à quoi bon la justice lorsque souffle le vent des révolutions!

Terminons cette revue rétrospective par un dernier rapprochement. La loi du 3 octobre 1848, en créant des fermes-écoles, des écoles régionales et un institut à Versailles, a organisé un vaste système d'enseignement professionnel de l'agriculture. Mais si vaste que soit le cercle tracé par l'Assemblée constituante, il ne répond pas complétement à tous les besoins. Comment, en effet, une seule école par arrondissement ou par région pourrait-elle présenter toutes les circonstances agricoles de ce même arrondissement ou de cette même région ? Est-ce que la pratique ne se modifie pas sans cesse sous l'influence du sol, du climat, des habitudes, tellement que la culture et l'élevage varient souvent de commune à commune? Sur ce point encore, Henri IV était allé plus loin que nos législateurs contemporains. On sait que ce prince est le promoteur en France de la culture du mûrier et de l'éducation des vers à soie. Pour engager ses sujets à se lancer dans cette industrie, il leur montra lui-même l'exemple en faisant planter cent mille mûriers dans ses domaines et en établissant une magnanerie modèle dans le jardin des Tuileries. Ce n'est pas tout : il traita avec une compagnie, qu'il chargea de fournir des plans de mûriers et des graines de vers à soie dans tout le royaume. Enfin, pour que le succès répondît à tant de sacrifices, il établit des *professeurs ambulants*, qui parcouraient les provinces dans le but d'y faire connaître la nouvelle industrie. Un mandement de 1602, qui traçait les attributions des professeurs ambulants, leur enjoignait d'instruire les propriétaires « non- » seulement à bien cultiver et eslever les dits mûriers, mais de » faire esclorre les semences de vers à soye, les nourrir, faire » filer, tirer la soye, la préparer et rendre propre à estre ven- » due. » Ainsi Henri IV n'attendait pas que les cultivateurs vinssent chercher la science, il la leur portait lui-même par ses professeurs ambulants. Ce système serait le plus propre à faire pénétrer rapidement dans les campagnes les cultures et les pratiques nouvelles. De nos jours, un agronome, le docteur Bonnet, l'a expérimenté avec succès dans le département du Doubs, et un instant l'administration aurait, dit-on, songé à propager par cette voie la méthode Guénon sur les *vaches laitières*.

Ces exemples, que nous pourrions multiplier, suffiront pour établir que notre ancien droit contient des solutions pratiques sur presque toutes les questions agricoles à l'ordre du jour ; ils montreront quel parti on pourrait tirer de tous ces vieux débris dans la confection du nouveau Code. N'insistons donc pas sur ce point et passons à l'examen des législations étrangères. Le parallèle que nous allons établir entre notre droit rural et celui des autres peuples ne sera pas moins fécond en enseignements. Il fera sentir combien les traductions que nous demandons, nous seraient d'un puissant secours pour la confection de notre Code rural.

Commençons notre parallèle par une question qui préoccupe vivement les agronomes et les hommes d'État. On sait la fâcheuse influence que l'extrême division du sol exerce sur les labours et sur l'élevage. Avec une ferme composée de petites parcelles il n'y a de possible que la culture jardinière. Comment, sur un sol morcelé à l'infini, pourrait-on faire usage d'instruments perfectionnés et se livrer en grand à la production des fourrages, à l'irrigation des prairies, à l'éducation lucrative du bétail? Le morcellement, quoi qu'on en dise, double les frais généraux sans augmenter notablement les produits. Les pertes de temps que les changements d'atelier occasionnent sans compensation, les dépenses qu'entraînent les salaires des gardes champêtres, la réparation des sentiers d'exploitation, les procès qui s'élèvent sur les questions de servitude et de voisinage, sont autant de causes d'appauvrissement qui n'existent pas dans la grande culture.

Toutefois, en France, la grande culture forme l'exception. Les 53 millions d'hectares dont se compose le territoire, divisés en 11 millions de parcelles, présentent 5,000,200 cotes qui payent de 1 à 5 fr. d'impôt foncier, et seulement 13,300 cotes au-dessus de 1,000 fr. Nous avons donc 5,200,000 parcelles dont l'étendue varie de 1 à 30 ares. Comment, avec une telle division, que la loi des successions aggrave encore chaque jour, le cultivateur pourrait-il simplifier la main-d'œuvre et employer une partie de son temps, aujourd'hui absorbé par les travaux morcelés, au perfectionnement de son intelligence et au développement de son instruction morale et politique?

Ce phénomène, mis en relief par la révolution de 89, avait déjà fait assez de progrès sous l'empire pour éveiller l'attention des économistes et appeler la sollicitude du gouvernement. Le premier projet de *Code rural* voulait y remédier en fixant l'extrême limite des parcelles à un *huitième d'hectare*, et en pourvoyant aux réunions territoriales par les *échanges forcés*. C'était revenir à la déclaration du 4 novembre 1701, relative à la commune de Rouvres (Côte-d'Or), et entrer dans la voie depuis longtemps ouverte par plusieurs peuples de l'Europe.

En effet, dès 1695, le parlement d'Écosse rendait un bill qui autorisait *un seul propriétaire* d'un *canton* ou *quartier* à citer tous les autres devant le lord de la session, pour obtenir de lui une distribution des terres mieux approprié à la commodité des exploitations. Une loi prescrivant des règles analogues fut faite en Danemark vers 1758. Cette loi ordonnait un remaniement général du sol. Tout propriétaire dans une commune fut réduit à une parcelle unique par chaque nature de culture. — En Suède on s'occupa des enclaves et des enchevêtrements. Par une loi de 1765, il fut permis aux possesseurs de fonds enclavés ou présentant des irrégularités trop grandes, de demander un partage qui en rétablît la symétrie.

Mais c'est surtout dans l'Allemagne que le législateur s'est efforcé de prévenir le morcellement du sol et de conserver aux parcelles une forme régulière. En Saxe, dans le Palatinat badois, dans la Hesse et le Nassau, la loi rend obligatoires les réunions territoriales par la voie des *échanges forcés.* Le Nassau fournit, entre autres, un exemple remarquable de ces réunions : La commune de Hilgueroth comprenait, à une certaine époque, 1,900 parcelles de terre et 900 de prés, qui offraient à l'œil la plus étrange confusion, et à la culture les plus grands embarras. Une distribution plus rationnelle a réduit à 504 le nombre des parcelles de terre et à 154 le nombre des parcelles de prés. Un arrêté du 12 septembre 1829 fixe, suivant les cultures, un minimum parcellaire d'étendue. Ce minimum est de 12 ares pour les terres labourables et de 6 ares pour les prairies.

Dans la Hesse, une ordonnance du 18 octobre 1834 détermine le minimum parcellaire de la manière suivante :

Terres labourables mauvaises. . .	33 ares.
— bonnes.	17
Prés.	8
Vignes et vergers.	4
Jardins.	2

La Prusse s'est montrée moins favorable au morcellement que les autres États d'Allemagne. Une ordonnance de 1808 prohibe la division des immeubles qui ont moins de 10 morgens (2 hectares 55 centiares). D'un autre côté, la loi du 7 juin 1822, relative au *partage des biens communaux*, permet la réunion des parcelles dont l'exploitation isolée serait trop difficile. En 1843, les commissions chargées d'opérer le partage avaient déjà remanié plus de 1,200,000 hectares de terres incultes.

Tel est l'esprit de la législation germanique en ce qui concerne le morcellement. Les moyens qu'elle recommande sont simples; bien étudiés sur les textes originaux, ils pourraient facilement trouver place dans notre Code rural.

Mais le morcellement du sol n'est pas le seul fait nuisible à l'agriculture : les servitudes, avec les doutes qu'elles jettent sur la propriété, avec les entraves qu'elles apportent à la jouissance du possesseur et à la libre circulation du fonds, ne sont pas moins contraires aux progrès. Au nombre de ces gênes il faut compter, entre autres, *les usages et les droits de pâturage dans les bois et sur les montagnes pastorales*, *les servitudes sur les étangs*, *le parcours et la vaine pâture*. Les usages forestiers ont accéléré le déboisement, les droits de pâturage sur les *montagnes pastorales* ont détruit les gazons : de là la formation des torrents qui désolent les Alpes, les Cévennes, les Pyrénées, et menacent d'engloutir les plus belles de nos provinces; les servitudes qui pèsent sur les étangs empêchent leur mise en culture et rendent inhabitable une portion considérable du territoire; enfin le parcours et la vaine pâture perpétuent les jachères, empêchent la multiplication des prairies artificielles, l'amélioration des prairies naturelles, la culture du mûrier et de toutes les plantes économiques.

Nos lois n'ont-elles donc rien fait pour affranchir la propriété foncière des entraves qui la tiennent au maillot? Il est vrai que le Code forestier permet le *cantonnement* des usages en bois et le *rachat* des droits de pâturage, et que la loi du 28 septembre 1791 autorise le *rachat* du parcours et de la vaine pâture. Mais ces dispositions n'ont rien produit, parce qu'au lieu d'être *obligatoire* le *rachat* est *demeuré facultatif*. Soit gêne, soit indolence, les propriétaires n'ont pas dégrevé leurs biens, et les servitudes que nous a léguées le moyen âge sont encore aujourd'hui un obstacle aux améliorations. Ce fut donc pour le législateur moderne une grande imprévoyance que de ne pas rendre le rachat de toutes ces servitudes *obligatoire*, et nous ne comprenons pas que M. Monet, l'auteur d'une proposition sur la *vaine pâture* actuellement pendante devant l'Assemblée nationale, ne soit pas allé plus loin que le décret de 1791.

En Prusse la loi s'appuie sur les vrais principes de l'économie rurale. Un édit de 1821 prescrit le *rachat forcé* de toutes les servitudes dont la suppression peut être faite sans dommage pour l'agriculture. L'édit énumère, entre autres, les usages forestiers, le parcours et la vaine pâture ; il détermine le mode de rachat, fort simple d'ailleurs. On donne une estimation à la servitude : si c'est par exemple la vaine pâture, on apprécie ce que peut valoir le pâturage eu égard à la nature des terrains et à l'étendue du parcours. La somme une fois établie, celui qui se rachète la rembourse, capital et intérêts, au moyen d'un amortissement qui dure douze années. L'édit de 1821, en rendant la propriété plus certaine, a débarrassé l'agriculture prussienne d'une multitude de gênes qui arrêtaient son essor. Appliqué à la France, il affranchirait nos bois des usages qui les ruinent; les pays d'étangs des servitudes qui en arrêtent la mise en culture; les terres arables de la vaine pâture, qui éternise leur pauvreté; en un mot il ferait disparaître une foule d'obstacles qui empêchent la propriété de circuler et de s'améliorer.

L'application des lois étrangères nous serait encore d'un grand secours pour l'utilisation des terres vaines et vagues désignées du nom de *communaux*. Ces terres, qu'on dit comprendre 7 millions d'hectares, mais dont on ne connaît pas bien l'étendue, ont à toutes les époques appelé l'attention des gouvernements. En France, pendant le XVIIIe siècle, sur les réclamations des physiocrates, il intervint plusieurs actes législatifs qui en ordonnaient la mise en culture. Le premier est de 1762; il est dû au contrôleur général des finances Bertin, un des disciples de Quesnay. Cet acte souverain, relatif aux *trois évêchés*, permettait le partage des communaux entre habitants, par portions individuelles, avec charge de les défricher. Chaque lot devait être indivisible, inaliénable, transmissible seulement en ligne directe. Si le portionnataire mourait sans héritier, son lot retournait à la commune, qui en investissait les ménages non apportionnés.

Dans les généralités d'Auch et de Pau, on adopta un système plus simple. Le partage fut déclaré incommutable. Il s'opéra *ménage* par *ménage*, sous la seule condition d'une redevance perçue par la commune (1771, 1773, 1777). Le partage individuel prévalut en Bourgogne, mais avec clause de retour à défaut d'héritier direct du portionnataire (1774). Ce système fut proposé par Turgot. En Flandre, les communaux devaient être divisés en trois parts égales : l'une pour le seigneur, comme représentation de ses droits; l'autre pour les habitants, qui la reçurent à titre incommutable; la troisième était vendue ou amodiée au profit de la commune.

Un autre mode fut imaginé par les lettres patentes du 27 mars 1777. D'après cet acte législatif, chaque lot était personnel au portionnataire et à sa femme, et faisait retour à la commune après leur décès. Existait-il plus de ménages que de lots, il se formait alors des ménages surnuméraires, qu'on investissait par ordre d'ancienneté au fur et à mesure des vacances. Au contraire, le nombre des lots l'emportait-il sur celui des ménages, les parts inoccupées profitaient à la commune jusqu'à ce que la population se fût accrue. Tout portionnataire devait défricher son lot et le tenir en bon état. Le laisser inculte pendant trois ans, c'était encourir la déchéance.

Ainsi, sous l'ancien régime, le partage héréditaire en ligne directe, le partage incommutable à charge de redevance, le partage viager, l'amodiation, la vente, furent simultanément employés pour conquérir à l'agriculture les terres vaines et vagues qui déshonorent encore notre territoire. Aujourd'hui, après un siècle d'efforts infructueux, et malgré les prescriptions de la loi du 10 juin 1793, la question des biens communaux n'est pas près d'être résolue. A l'heure qu'il est, trois propositions législatives sont soumises à l'Assemblée nationale sur cette importante matière : l'une, de M. Dufournel, qui demande l'*amodiation* par lots et pour dix-huit ans du cinquième des terres vaines et vagues susceptibles d'être défrichées; l'autre, de M. Favreau, qui adopte le *partage*; enfin la troisième, de MM. Fayolle, Guisard et Moreau, qui résume les deux premières, puisqu'elle propose à la fois et le *partage* par feux et l'*amodiation* par lots avec bail de douze ou vingt-quatre ans.

Ce ne sont donc ni les lois ni les propositions qui ont manqué à la question des communaux; mais ce qui lui a fait défaut, c'est l'appui des hommes chargés d'exécuter les lois. Pourquoi l'autorité française n'a-t-elle pas, sur ce point, suivi l'exemple de la monarchie prussienne? En Prusse, Frédéric le Grand décréta le *partage* des biens communaux à titre incommutable (1742). Ce décret n'ayant reçu qu'une exécution imparfaite, un édit du 14 septembre 1811 a de nouveau ordonné le partage, et l'a rendu obligatoire par les mesures qu'il a prises. L'édit instituait des commissions qu'il chargait de procéder sans retard. Les commissions s'étant mises aussitôt à l'œuvre, l'opération touche aujourd'hui à son terme. En 1843, plus de 5 millions d'hectares de communaux se trouvaient déjà partagés. 535,000 familles indigentes avaient reçu leur part dans cette distribution. Le partage a également prévalu chez presque tous les autres peuples de l'Europe. L'Angleterre (1730), l'Autriche (1767), la Hollande (1810), les Deux-Siciles (1839), l'ont successivement adopté, au grand avantage de l'agriculture et de la richesse publique. Pourquoi, au milieu de l'incertitude qui tend à obscurcir la question, n'aurions-nous pas recours aux lois étrangères et à notre ancienne jurisprudence, où les éléments de solutions pratiques abondent? Si nous voulons sortir de la difficulté avec honneur, si surtout nous tenons à nous donner un Code rural irréprochable, ne craignons pas de faire des emprunts aux peuples dont les institutions agricoles sont plus parfaites que les nôtres, en un mot ne craignons pas de *prendre notre bien où il se trouve.*

Du reste, la mise en valeur des terres incultes, aussi bien que toutes les autres améliorations que l'agriculture réclame, ont pour pivot la réforme du crédit foncier. Aujourd'hui les propriétaires du sol sont si écrasés, et par les impôts de toute nature, et par la dette hypothécaire, et par les frais de procédure, qu'il leur est impossible de tenter aucune opération en dehors de l'exploitation courante. Sur un revenu net de 1 milliard 500 millions, chiffre officiel, il leur reste à peine 400 millions pour l'intérêt du capital engagé et le prix de la main-d'œuvre. C'est trop peu eu égard à la valeur du capital foncier, qui est de 60 milliards, et à l'importance de la main-d'œuvre, qui représente le travail de 25 millions d'individus.

L'exiguïté du revenu agricole a pour cause la rareté du numéraire et le taux élevé auquel reviennent les emprunts sur hypothèque. Les frais d'acte, d'enregistrement, d'expédition, les honoraires du notaire, font plus que doubler l'intérêt légal, déjà fort lourd, alors que les terres rendent à peine le 3 1/2 pour 100. — Voici la note de ces frais pour les prêts de 400 fr., dont l'importance s'élève annuellement à 36 millions.

L'acte d'emprunt exige :

	fr.	c.
1° Extrait de la matrice cadastrale.	1 fr.	» c.
2° État des impositions délivré par le percepteur.	»	75
3° Certificat négatif du conservateur des hypothèques.	2	»
4° Timbres.	1	60
5° Honoraires pour l'acte.	5	»
6° Enregistrement à 1 fr. 10 c. pour 100.	4	40
7° Expédition de l'acte.	4	»
8° Rédaction des bordereaux.	3	»
9° Droits d'hypothèques et de timbre.	1	45
10° Salaire du conservateur.	1	25
11° Extrait des titres de propriété à produire par l'emprunteur. *Mémoire*.	»	»
Total pour l'acte d'emprunt.	24	45

Lorsque le terme arrive, et que le débiteur veut se libérer, il faut faire de nouveaux actes et payer de nouveaux frais. Ces actes sont :

	fr.	c.
1° Quittance avec timbre et honoraires.	5 fr.	» c.
2° Enregistrement à 55 c. pour 100.	2	20
3° Expédition avec timbre.	5	25
4° Extrait et timbre pour radiation.	2	70
5° Salaire du conservateur.	1	»
Total pour l'acte de libération.	16	15

Récapitulant nos dépenses, une somme de 400 fr. nous coûtera pour un an :

	fr.	c.
Acte d'emprunt.	24 fr.	45 c.
Acte de libération.	16	15
Intérêt de 400 fr. à 5 pour 100.	20	»
Total.	60	60

Ainsi, 400 fr. empruntés sur hypothèque coûtent 15 fr. 15 c. pour 100 l'an. Si la durée du prêt était de quatre années, terme qu'on ne dépasse guère, le taux serait encore de 7 fr. 65 c. pour 100.

Telle est au vrai la condition faite à la propriété foncière. Faut-il s'étonner après cela que la dette hypothécaire s'élève aujourd'hui à 14 milliards, et que son accroissement annuel soit de 500 millions!

De nombreux systèmes ont été proposés pour remédier à cette situation désastreuse. On a dit d'abord que la réforme du crédit foncier devait être précédée par la réforme hypothécaire. M. Pougeard l'avait pensé et c'est aussi l'avis de la commission parlementaire dont M. de Vatismesnil est rapporteur. D'autres, allant au cœur même de la question, ont soutenu que la réforme du crédit foncier était indépendante de la réforme hypothécaire. De ce nombre il faut ranger M. Charamaule, auteur d'une proposition actuellement pendante à l'Assemblée législative. M. Charamaule demande que, sous la garantie de l'État, il soit créé pour 500 millions de *bons agricoles-hypothécaires* ayant cours légal, spécialement affectés aux travaux de *défrichements*, de *reboisements*, de *plantations*, de *dessèchements* et d'*irrigations*. Cette proposition a évidemment été inspirée par celle que MM. Turck et Prud'homme firent à la Constituante.

Un autre représentant, M. Wolowski, a proposé d'établir en France les *associations territoriales de crédit* telles qu'elles existent en Allemagne. La vérité est que sous ce rapport nous sommes bien en retard des peuples de la Germanie. Ces derniers jouissent d'un vaste système de *crédit foncier* qui assure aux propriétaires, et moyennant 4 pour 100, tout l'argent dont ils peuvent avoir besoin pour améliorer leurs cultures. Ils possèdent en outre des *banques communales* qui prêtent à taux réduit et quelquefois sans intérêt aux fermiers et aux ouvriers qui manquent d'instruments de travail. Comme en matière de crédit foncier et de crédit personnel l'Allemagne nous est bien supérieure, et que d'ailleurs il nous importe de connaître des institutions dont on demande l'application à la France, nous allons résumer l'organisation des *associations territoriales* et des *banques communales.*

Les *associations territoriales* de la germanie remontent à 1763. Formées seulement entre propriétaires, elles sont plutôt des agences de prêt et d'emprunt que des banques proprement dites : aux prêteurs elles assurent le service régulier des intérêts et le remboursement du capital ;—aux emprunteurs elles délivrent des *lettres de gage* dont ils se libèrent par amortissement. L'agence traite seule — avec les capitalistes qui ont des placements à faire,—avec les porteurs des lettres de gage pour le payement des intérêts et le remboursement du principal,—avec les associés qui veulent emprunter. Seule elle discute le taux des emprunts et la convenance des prêts ; elle reçoit les annuités des débiteurs et poursuit ceux qui manquent à leurs engagements.

L'association, placée sous l'autorité du gouvernement, ne s'étend qu'à une province ; elle est administrée par des agents produits de l'élection directe ou à deux degrés. Pour faciliter les opérations de banque, la circonscription de chaque association se subdivise en *districts*, *cercles* ou *cantons*. Au centre siége la *direction générale*, à chaque district la *direction de district*, dans chaque cercle un *conseiller*. Il y a en outre le *comité spécial* et l'*assemblée générale*, qui tiennent leurs séances au chef-lieu de l'association, et l'assemblée des délégués de cercle, qui deux fois par an se réunit au district pour l'expédition des affaires.

L'administration centrale se compose d'un *directeur général* nommé par le gouvernement, de quatre *conseillers* et d'un *syndic* choisis par le *comité spécial* parmi les propriétaires associés. C'est de la *direction générale* que part l'impulsion donnée à toute la machine.

La *direction de district* comprend : un directeur, autant de conseillers qu'il y a de cercles, un conseiller syndic et un comptable. Le directeur et le syndic sont nommés par les délégués des propriétaires de chaque cercle réunis au district ; les conseillers le sont directement par les propriétaires emprunteurs. La direction de district expertise les immeubles offerts en garantie ; elle veille à ce que la négligence des débiteurs ne compromette pas le gage commun.

Le *comité spécial*, sorte de conseil de surveillance, se compose d'un délégué par chaque cercle. Il se réunit tous les ans au centre de l'administration, afin de pourvoir à la sûreté des lettres de gage, au payement exact des intérêts et à l'amortissement des sommes empruntées par l'association. Le *comité spécial* contrôle la direction générale et les directions de district; il vérifie les comptes, les arrêts, et statue sur toutes les réclamations qui lui parviennent.

L'*assemblée générale* se forme d'un délégué par chaque cercle, des membres de la direction générale et des membres des directions de district. Elle ne peut se réunir qu'avec l'autorisation du gouvernement et sous la présidence d'un commissaire spécial. Les pouvoirs de l'assemblée générale sont illimités; elle s'occupe de tout ce qui intéresse l'institution, et juge souverainement les questions que le *comité spécial* n'a pu décider.

Tel est le mécanisme administratif des associations territoriales de l'Allemagne. Disons comment elles opèrent.

Lorsqu'un sociétaire veut emprunter, il s'adresse à la direction de district dans le ressort de laquelle sont situés les biens offerts en garantie. Sous la surveillance du conseiller du cercle, la direction fait procéder à une enquête estimative. L'emprunteur est tenu de justifier que les immeubles sont assurés contre l'incendie, la grêle, les inondations; le cheptel contre les épizooties, les domestiques contre les chances de maladie.

Les prêts sont limités à la moitié de la valeur du gage. Dans le grand duché de Posen, l'agence ne reçoit pas en garantie des immeubles d'une valeur inférieure à 5,000 thalers (18,750 fr.). Après que toutes les informations ont été prises, l'emprunteur adresse sa demande à la direction générale, qui la transmet au conservateur des hypothèques. Celui-ci, au nom de l'association, et sans frais, prend inscription sur les biens de l'emprunteur. On délivre alors en *lettres de gages* la somme convenue. Ces lettres de gage sont des sortes de billets de banque n'ayant *pas cours forcé*, mais qui s'échangent facilement contre du numéraire. Leur valeur oscille toujours autour du pair, et cela parce qu'elles ont privilége et qu'elles sont garanties par l'association tout entière.

En Prusse, les lettres de gage sont de 1,000 thalers au plus

(3,750 fr.), et de 25 au moins (93 fr. 75 c.). Elles sont expédiées sur parchemin, avec des coupons d'intérêts que les porteurs touchent à raison de 3 pour 100. Le même taux est payé aux prêteurs de l'association, laquelle se libère elle-même par des tirages à mesure que l'amortissement des lettres de gage recompose le capital qu'elles représentent. Quant aux associés emprunteurs, ils payent à l'agence 4 pour 100 d'intérêt et 1 pour 100 d'amortissement, soit 5 pour 100 d'annuités, au moyen de quoi ils se libèrent du capital dans quarante et un ans.

Les agences jouissent d'une procédure exceptionnelle qui leur facilite le recouvrement des annuités. Lorsqu'il y a des retardataires, leur nom est remis au conseiller du cercle, lequel, assisté d'un officier judiciaire, se transporte sur les biens servant de garantie, et y fait vendre tout ce qui n'est pas nécessaire à l'exploitation. S'il n'y a pas de meubles en quantité suffisante pour solder l'arriéré, après un bref sursis le conseiller aliène le fonds lui-même ou le donne à ferme pour le compte de l'association. Toutes les procédures ont lieu *sans frais*, tandis qu'en France elles sont ruineuses pour les emprunteurs.

Tel est le mécanisme financier des associations territoriales de l'Allemagne. De ce rapide exposé il résulte :

1° Que les propriétaires d'outre-Rhin peuvent, *sans frais*, emprunter jusqu'à concurrence de *moitié la valeur* des immeubles qu'ils possèdent ;

2° Que le taux de l'argent ne dépasse jamais 4 pour 100 ;

3° Qu'en ajoutant à l'intérêt 1 pour 100, soit 5 pour 100 d'annuités, ils se libèrent du capital dans quarante et un ans ;

4° Enfin que, s'ils ne payent pas régulièrement les annuités, on les exproprie sans frais ni procédure.

On le voit donc, les propriétaires allemands sont dans des conditions bien meilleures que les propriétaires français. Doter ces derniers des *associations territoriales de crédit*, ce serait les soustraire à l'usure, à l'expropriation forcée, à la misère, et leur donner les moyens de doubler, de tripler le revenu territorial. Pourquoi, lorsque la production est insuffisante, ne nous efforcerions-nous pas de la mettre en rapport avec nos besoins? Si pour produire il faut avoir l'instrument de travail, si le crédit seul peut procurer cet instrument, étudions le mécanisme du crédit foncier en Allemagne, faisons traduire en entier les lois et les règlements qui l'y ont organisé, afin que, mieux connus, ces textes servent de guide aux rédacteurs du Code rural.

Mais en Allemagne les propriétaires ne sont pas les seuls qui jouissent du bienfait du crédit; les fermiers, les artisans, les cultivateurs ont des banques spéciales qui mettent l'instrument de travail à leur portée. C'est surtout dans le Wurtemberg que ces institutions éminemment progressives fonctionnent avec régularité.

Leurs statuts reposent sur ces principes : que toute créance est l'escompte d'un travail futur. Aussi tiennent-elles pour gage suffisant des prêts qu'elles consentent, l'intelligence, la probité, l'activité des emprunteurs. A leurs yeux, tout homme est un capital que faute d'outils il ne faut pas laisser chômer.

Les *banques communales* du Wurtemberg ne prêtent pas moins de 200 florins (215 fr.); au-dessus de ce chiffre, les prêts n'ont pour limite que les ressources de l'institution combinées avec les besoins et la solvabilité des emprunteurs. L'intérêt varie de 3 1/2 à 4 1/2 pour 100, suivant la destination des sommes. Il est de 3 1/2 à 4 pour 100 lorsqu'elles se convertissent en bétail d'exploitation, et de 4 à 4 1/2 pour tout autre emploi. Des prêts gratuits sont aussi faits aux fermiers honnêtes, aux ouvriers intelligents, qui les affectent à l'acquisition de matériel de ferme ou à l'achat d'outils professionnels.

L'emprunteur jouit de tous les moyens qui sont à sa convenance pour se libérer. Il peut rendre la somme entière, donner des à-compte ou adopter la voie de l'amortissement. Une procédure simple, rapide, économique, est établie au profit de l'institution, ce qui facilite les liquidations et favorise les rentrées.

Ce rapide exposé montre la différence qui existe entre les *banques communales* du Wurtemberg et la *banque de prêts d'honneur* qui tout récemment a fait son entrée dans le monde. Les banques communales avancent des sommes importantes aux travailleurs qui veulent s'affranchir du joug du capital; la banque de prêts d'honneur ne vient en aide qu'aux citoyens dans la *détresse*, et seulement pour les empêcher de mourir de faim. Tout un monde sépare donc ces deux institutions, qui tendent l'une à émanciper les travailleurs, l'autre à les retenir dans l'esclavage. Aussi n'est-ce pas la *banque de prêts d'honneur* que nous voudrions voir passer dans le Code rural, mais bien les *banques communales* du Wurtemberg. Il serait donc à désirer que les actes organiques de ces banques nous fussent mieux connus; mais pour cela il faudrait que le gouvernement les fît traduire.

Tel est le système de crédit adopté en Allemagne; il comprend, d'une part, les *associations territoriales*, de l'autre les *banques communales*, qui laissent bien loin derrière elles et notre prêt hypothécaire et nos billets de circulation, également entachés d'usure. Cet ensemble déjà satisfaisant se complète par une *assurance générale* qui, en garantissant l'agriculture contre les sinistres trop fréquents qui la ruinent, donne au revenu foncier une certitude quasi-mathématique.

En France, jamais l'administration n'a compris l'utilité pratique des *assurances agricoles*. Aussi chaque année l'incendie, la grêle, la gelée, les inondations, les épizooties font-elles éprouver aux propriétaires de nombreuses pertes. D'après les documents officiels, de 1828 à 1834, la moyenne de ces pertes aurait été de 76 millions par an, répartis de la manière suivante :

Incendie.	13,000,000 fr.
Grêle.	35,000,000
Gelée.	13,000,000
Inondations.	10,000,000
Épizooties.	3,000,000
Dommages divers.	2,000,000
Somme égale. . . .	76,000,000

Mais ces chiffres se sont considérablement accrus dans ces dernières années. En 1844 les divers sinistres s'élevaient à 92,500,000 fr. En 1846, l'inondation de la Loire seule a fait pour 150 millions de dégâts. Toutefois, les relevés officiels ne comprennent pas les sinistres éprouvés par les riches propriétaires, puisque ceux-ci n'ayant pas droit au dégrèvement se dispensent de les faire expertiser.

A tous ces désastres publics quels remèdes a-t-on opposés? Des palliatifs impuissants : 1 ou 2 millions de ressources provenant du *fonds commun*, et la garantie illusoire des *compagnies d'assurances*. Les ressources du fonds commun sont insuffisantes, eu égard à l'étendue des sinistres; la garantie des compagnies d'assurances est illusoire, eu égard à l'importance des risques qu'elles laissent à découvert. Sur une valeur de 4 milliards de récoltes et de 2 milliards de bétail, en 1845, vingt-deux compagnies ont assuré pour 300 millions contre la grêle, et dix compagnies pour 12 millions contre les épizooties. En d'autres termes, 5 milliards 700 millions n'ont pas été garantis. Faut-il s'étonner, après cela, qu'on s'élève contre l'industrie particulière, et qu'aux ressources insuffisantes dont elle dispose on veuille substituer la puissante intervention de l'État? C'est dans ce sens qu'étaient conçus les deux projets de loi présentés à l'Assemblée nationale constituante, l'un par M. Duclerc, l'autre par M. Pezerat.

Où donc ces législateurs étaient-ils allés chercher leurs inspirations en cette matière? Chez les peuples de l'Europe qui depuis longtemps ont admis que l'État seul doit être garant de tous les risques. En Hollande, cinq actes législatifs, rendus de 1799 à 1809, ont établi une assurance mutuelle contre la mortalité du bétail. Toute bête à cornes au-dessous de deux ans, tout cheval au-dessous de trois ans, payent chacun à l'État 5 centimes par tête. Au-dessus de l'âge précité, les bêtes à cornes, les chevaux et chaque lot de huit moutons payent 10 centimes. Sont exempts de la taxe les veaux de moins de trois mois, les poulains de moins d'une année et les agneaux de moins de deux mois. Les deniers provenant de la prime sont administrés séparément de ceux de l'État; ils servent à indemniser les propriétaires des bestiaux abattus en temps d'épizootie, ou sont distribués aux cultivateurs à titre d'encouragement.

Mais c'est surtout en Allemagne, partout où il existe des associations territoriales de crédit, que les assurances par l'État ont été savamment organisées. Dans le Wurtemberg, par exemple, l'assurance est *forcée;* elle s'étend à tous les risques meubles, immeubles, et même au chômage des domestiques pour cause de maladie. La prime se paye au marc le franc de la contribution foncière. En Belgique, un arrêté du 3 novembre 1846 établit dans la Flandre orientale une *caisse d'assurance agricole* pour les récoltes. L'assurance est mutuelle et *obligatoire;* la prime est de 25 centimes par hectare, et de 13 centimes pour toute fraction inférieure à 50 ares. Enfin, depuis le 1er janvier 1850 le grand-duc de Toscane s'est emparé de toutes les assurances particulières, qu'il a centralisées sous la garantie de l'État.

Ce qu'il y a de plus remarquable dans la législation des peuples que nous venons de citer, c'est que presque toutes admettent l'indemnité pour cause d'abatage, tandis qu'en France ce principe ne forme que l'exception. Aussi, malgré les prescriptions de l'arrêté du 27 messidor an V, malgré les peines portées par le Code pénal, les propriétaires d'animaux atteints de maladies contagieuses diffèrent-ils de les déclarer à l'autorité. Pourquoi se hâteraient-ils, puisqu'en cas d'abatage ils n'ont droit à aucune indemnité? Cette injustice est la véritable cause qui entretient les épizooties en France et les rend si meurtrières. Au contraire partout où l'on paye les animaux abattus la contagion est moins facile à se répandre. Voilà des résultats pratiques qu'il est bon de vulgariser et que les rédacteurs du Code rural devraient prendre en sérieuse considération.

Nous en dirons autant des lois faites pour prévenir les mauvais traitements exercés sur les animaux, déjà adoptées en Suisse, en Angleterre, en Allemagne, et que dans nos idées exclusives nous traitons d'*attentat contre le droit de propriété*. Sans doute la propriété est sainte et respectable. Mais faut-il, parce qu'elle est sainte, tolérer les abus qu'elle engendre? Faut-il permettre à l'homme de commettre un crime social en maltraitant les utiles auxiliaires que Dieu lui a donnés pour arriver à la fortune et à la civilisation? Nos lois ne punissent pas toutes ces cruautés, et c'est pour y mettre un terme que le général de Grammont vient de présenter une proposition à l'Assemblée législative. M. de Grammont demande qu'il soit infligé une amende de 5 à 15 fr., et en cas de récidive un emprisonnement de cinq jours, à quiconque se sera rendu coupable de *cruauté* ou de *mauvais traitement* envers les animaux. Sont qualifiés de faits répréhensibles : — les blessures volontaires, — les coups violents et répétés, — la surcharge, — la privation de nourriture pendant plus de vingt-quatre heures, — les tentatives pour faire relever les animaux abattus sous le fardeau sans les dételer ou les décharger. Telle est l'économie de la proposition de Grammont, qui comble dans nos Codes une lacune regrettable. Les dispositions qu'elle consacre seront d'une exécution facile, puisque déjà depuis des siècles d'autres peuples les appliquent.

En effet, depuis 1434, le canton de Zurich possède une législation qui recommande aux citoyens de *bien soigner* les animaux et de les *traiter avec douceur*. La loi aujourd'hui en vigueur est du 13 octobre 1844. Elle prononce une amende de 3 à 60 fr., et un emprisonnement de vingt jours, contre celui qui en maltraitant un animal aura *causé du scandale*. Priver une bête d'aliments et de soins, la surcharger au delà de ses forces, lui causer des douleurs sans nécessité, sont des actes répréhensibles. Après la Suisse vient l'Angleterre, qui de 1781 à 1835 s'est donnée six lois sur la matière. Enfin l'Autriche en 1837, le Wurtemberg en 1839, la Bavière en 1842, sont entrés dans la voie que leur avaient ouverte la Suisse et l'Angleterre. Tous ces progrès sont dus aux efforts des *Sociétés protectrices des animaux*, dont la première fut fondé à Londres vers 1820, et qui depuis 1836 se sont considérablement multipliées en Allemagne.

C'est par l'enseignement oral de leurs membres et par la propagande de leurs petits livres que les *Sociétés protectrices* ont pu en peu de temps changer l'opinion publique en Allemagne, car sous quelque forme qu'il se produise, l'enseignement sera toujours le levier d'Archimède. Si en France l'agriculture est tant restée en arrière, c'est que nos cultivateurs n'ont jamais eu d'autre maître que la routine. C'est la routine qui règne en souveraine dans les campagnes et ferme la porte à tout progrès. Comment en serait-il autrement dans un pays où l'étude de l'économie rurale et des pratiques agricoles se trouve systématiquement bannie des écoles primaires? En 1844 la société séricicole voulut établir des prix pour les instituteurs qui planteraient des mûriers et produiraient de la soie; le ministre de l'instruction publique, M. Villemain, opposa son veto à une mesure que le gouvernement prussien favorise de toutes ses forces.

Après la révolution de février, une commission fut chargée d'étudier les moyens de faire entrer l'agriculture dans le programme des écoles primaires. Cette commission déclara qu'il fallait annexer à chaque école un terrain d'un à deux hectares qui serait cultivé par les élèves. Ce vœu a-t-il été réalisé dans la nouvelle loi sur l'instruction publique? Nullement. Nous aimons mieux dépenser 11 millions pour faire de nos 50 mille instituteurs une légion de mendiants, que de leur donner une position indépendante en leur permettant d'utiliser à la culture les forces perdues de leurs élèves.

En Angleterre les choses se trouvent mieux organisées. Les instituteurs primaires sont libres; ils ne reçoivent de traitement ni de l'État ni des communes; les élèves ne leur donnent que 10 centimes par semaine, et cependant leur position est bien préférable à celle des instituteurs français. Comment donc font-ils pour se constituer un revenu qui leur permette de vivre? C'est en demandant à chacun de leurs élèves trois heures de travail manuel par jour, qu'ils appliquent à la culture. Avec cette rétribution ils exploitent deux hectares de terre, loués par eux, et dont les bénéfices nets sont bien supérieurs au maigre salaire que touche nos maîtres d'école. C'est ainsi que, tout en développant les goûts agricoles, l'aristocratie anglaise a su réaliser l'instruction primaire gratuite. On jugera mieux de la bonté du système en lisant l'état des dépenses et des recettes d'un instituteur établi dans le comté de Kent pendant l'année 1844 :

DÉPENSES.	fr.	c.
Location de deux hectares de terrain	375 fr.	» c.
Location d'une maison	250	»
Total des dépenses	625	»
RECETTES.		
Produits des grains et racines	960	85
— du lait et du beurre	275	»
Vente de trois porcs et d'un veau	287	35
Un veau et une truie d'élève	112	50
Racines et fourrages consommés par les animaux. *Mémoire.*	»	»
Total de la recette	1,635	70
A déduire les frais de location	625	»
Reste pour revenu	1,010	70

Voilà donc ce que gagne un instituteur anglais sans qu'il en coûte rien à l'État ni à la commune ni aux élèves! Pourquoi, lorsqu'il nous importerait tant de faire des économies et de fixer les populations rurales au sol, par une éducation tout agricole, l'Assemblée législative, dans la loi sur l'instruction publique, n'a-t-elle pas adopté les *écoles de village*, qui fonctionnent si bien de l'autre côté de la Manche? Serait-ce parce qu'elle aurait craint, qu'avec le régime anglais, nos instituteurs, à tort ou à raison accusés de socialisme, ne fussent par trop indépendants?

C'est cette crainte d'indépendance qui a toujours fait repousser par les gouvernements monarchiques la création de *chambres consultatives d'agriculture*. On cite à ce propos un mot de Louis-Philippe : L'ex-roi aurait dit, pour faire échouer la proposition Defitte et Beaumont, présentée à la chambre élective en 1840 : « C'est déjà trop d'avoir sur les bras le commerce et les » manufactures, dont les exigences sont si difficiles à satisfaire. » Si j'organisais l'agriculture, si je lui donnais des chambres » consultatives, il n'y aurait plus moyen de gouverner! » C'est donc l'amour du despotisme qui jusqu'à ce jour a privé les cultivateurs d'organes légaux au moyen desquels ils puissent exprimer leurs vœux et faire connaître leurs besoins. Pourquoi l'industrie par excellence, celle qui crée les produits, ne jouirait-elle pas de l'institution qui a si fortement contribué à développer le commerce et les manufactures? Sous un gouvernement républicain conserverait-on les mêmes appréhensions que sous la monarchie? Il faut croire que non, puisque M. Tourret avait présenté à l'Assemblée nationale constituante un projet de loi qui organisait une *chambre consultative d'agriculture* par arrondissement, et dont les membres auraient été le produit de l'élection. Malheureusement ce projet est resté à l'état de rapport. Repris depuis par M. Ladoucette, qui ne pense pas, avec le conseil d'État, que cette institution puisse être organisée par ordonnance, nos cultivateurs attendent qu'il plaise à nos représentants de les doter des mêmes organes dont jouissent les cultivateurs hollandais et piémontais.

En effet, depuis le commencement de ce siècle, la Hollande possède des *commissions d'agriculture*, que le gouvernement consulte sur les matières de douanes et de législation rurale, et qui émettent leurs vœux sur toutes les questions de réformes et d'améliorations agricoles. Des commissions analogues furent établies, en 1826, dans le royaume de Sardaigne, et les bons effets qu'elles y ont produit sont justement appréciés. Plus récemment encore, en 1847, le pape a créé des *chambres consultatives d'agriculture et de commerce* dans les neuf principales villes de ses États. Imitons ces exemples et nous enrichirons notre Code rural d'une institution qui élevera notre agriculture à la hauteur des manufactures et du commerce.

Terminons ce parallèle, déjà trop long, par une question des plus graves, et que dans leur impuissance nos lois ne surent jamais trancher. Nous voulons parler de la question des irrigations, si intimement liée à la production des fourrages et à l'éducation du bétail.

Eu égard à son étendue, qui est de 53 millions d'hectares, la France ne possède que 4 millions d'hectares de prairies naturelles, 2 millions d'hectares de prairies artificielles, dont seulement 94,000 hectares sont à l'arrosage. C'est arroser trop peu de terrain dans un pays où les fourrages et le bétail sont rares, et où les rivières, grandes et petites, abondent et couvrent le territoire de leur vaste réseau. Nous possédons six fleuves principaux ayant un parcours de 3,200 kilomètres; vingt-quatre fleuves secondaires et quatre-vingt-quatorze rivières, en partie navigables, d'un développement de 9,320 kilomètres; enfin plus de cinq mille rivières non navigables, présentant une longueur totale de 800,000 kilomètres. Toutes ces artères si habilement réparties roulent vers la mer leurs flots stériles, qui, sagement étendus sur le sol, pourraient, au dire de M. de Gasparin, donner un revenu de 4 milliards!

Ah! pourquoi, lorsque faute de produits chacun de nous ne consomme pas la moitié de ce qu'il devrait consommer, laissons-nous se perdre, sans savoir les utiliser, tant d'éléments de richesse et de bien-être? C'est parce que nos lois organiques de la production sont anti-économiques, et que les hommes chargés de les exécuter sont d'une ignorance crasse en économie politique. La loi qui attribue au domaine public les rivières navigables et flottables, laissant des doutes sur la propriété des cinq mille petits cours d'eau, les riverains ont prétendu que seuls ils pouvaient jouir des bienfaits de l'irrigation. Qu'a fait l'autorité pour combattre des tendances aussi contraires au développement de la fortune publique? Au lieu de distribuer les eaux entre tous les propriétaires d'un même bassin, comme le législateur l'y autorisait, elle a mieux aimé se croiser les bras, et souffrir que l'égoïsme individuel stérilisât le plus précieux élément de fécondité.

Mais l'administration ne s'est pas bornée à violer ses devoirs en ce qui concerne les *règlements d'eau;* elle a constamment méconnu l'opinion publique dans ses aspirations vers les réformes. Combien de fois ne lui a-t-on pas demandé de prendre l'initiative, de faire étudier chaque cours d'eau de manière à pouvoir le distribuer sur toutes les terres arrosables d'un même bassin, d'utiliser une partie des rivières navigables et flottables au profit de l'agriculture, de préparer la révision des lois sur la matière, et de formuler pour tout le territoire un vaste système d'irrigation? Après bien des résistances, pour donner le change à l'opinion publique, l'administration s'est contentée de nommer des commissions qui n'ont jamais rien fait. Si quelques progrès se sont accomplis, c'est en dehors de son action. Ainsi la loi du 19 avril 1845 sur la *servitude de conduite d'eau*, celle du 11 juillet 1847 sur le *droit d'appui*, sont dues à l'initiative de M. d'Angeville. Le service hydrographique organisé dans chaque département, depuis la révolution de février, n'a été que la généralisation de mesures exécutées d'abord aux frais de quelques conseils généraux. Partout la vie et le mouvement se sont retirés de l'administration, dont l'unique but semble être aujourd'hui d'enrayer le progrès. Comment dès lors espérer qu'une mesure de *salut public*, attribuant la *propriété des petites rivières à l'État*, sorte jamais des catacombes qu'on décore du nom de ministère?

C'est l'attribution de la *propriété de toutes les rivières au domaine public* qui a fait de l'Italie la terre classique de l'irrigation. Le Piémont, qui est la seizième partie de la France, compte 110,000 hectares à l'arrosage; la Lombardie, qui n'est guère plus étendue que le Piémont, en arrose 300,000. Il est vrai qu'en Italie l'administration est moins paresseuse qu'en France. Dans les États de Sardaigne, elle a depuis longtemps dressé la carte hydrographique du pays et fait étudier des projets de dérivation que le gouvernement a exécutés de ses propres deniers. En Sardaigne le gouvernement se trouve donc être le grand irrigateur, comme dans le Wurtemberg il est le grand assureur. Toute terre à la portée des eaux doit souffrir l'irrigation, qui est faite par des agents publics, et dont le prix se paye suivant les tarifs arrêtés par le ministre de l'intérieur.

Ces pratiques administratives ont leurs racines dans une législation déjà ancienne, mais refondue tout récemment. Le Code civil sarde, promulgué en 1837, attribue au domaine public la propriété des fleuves, des rivières et des torrents (art. 420). Il permet à tout individu propriétaire d'un volume d'eau de le conduire à travers l'héritage d'autrui, moyennant indemnité (art. 622). Le même droit est reconnu au fermier ayant un bail de neuf ans, sous la seule condition de remettre les lieux en état à l'expiration de sa jouissance (art. 627). Ces dispositions sont sanctionnées par le Code pénal promulgué en 1839. Ce Code prononce un emprisonnement d'une année et une amende de 500 livres contre celui qui, en dérivant sans droit les eaux d'un fleuve, d'une rivière, d'un torrent ou d'un canal, empêcherait tout propriétaire d'arroser paisiblement (art. 723). La même peine s'applique à celui qui agrandirait les orifices servant à la répartition des eaux d'irrigation (art. 724).

Telle est l'économie des Codes sardes. Les lois des autres États italiens, de Parme, de Plaisance, de la Lombardie, de Modène et de Toscane, sont conçues dans le même esprit. L'étude de tous ces textes, après qu'ils auraient été traduits dans notre langue, ne pourrait donc qu'éclairer l'opinion publique et servir de guide aux rédacteurs du nouveau Code.

Ici s'arrête le parallèle que nous voulions établir entre notre droit rural et la législation rurale des peuples étrangers, parallèle que nous pourrions encore poursuivre indéfiniment; mais nous croyons en avoir dit assez pour démontrer que nos lois et nos institutions rurales sont de beaucoup inférieures à celles des autres peuples. Qu'a fait notre législateur pour prévenir le morcellement du sol, pour l'affranchir des servitudes qui rendent la propriété incertaine et la ruinent, pour favoriser la mise en valeur des terres incultes, pour doter les propriétaires, les fermiers et les cultivateurs d'institutions de crédit et d'assurance, pour protéger les animaux contre la brutalité de l'homme, pour donner à l'instruction primaire un caractère fortement agricole, pour faire parvenir jusqu'au pouvoir les vœux formés par nos paysans, pour assurer la complète utilisation des eaux qui s'en vont sans profit à la mer? Notre législation n'a rien fait. Si sur toutes ces questions importantes nous nous sommes laissé devancer par les autres peuples, pourquoi, voulant faire un Code qui hâte le développement de notre agriculture, ne mettrions-nous pas ces mêmes peuples à contribution? Laissons donc tout amour-propre national de côté; faisons traduire les lois rurales étrangères, et assimilons-nous les institutions agricoles qui font la gloire et la richesse de l'Angleterre, de l'Italie et de l'Allemagne.

Ainsi les travaux préparatoires du Code rural devraient comprendre trois parties distinctes :

1° La compilation de toutes nos lois anciennes et modernes ayant trait à l'agriculture ;

2° La réunion des *usages ruraux* suivant les bases que nous avons indiquées dans la première partie de ce *Mémoire*;

3° La traduction des lois étrangères organiques de l'industrie agricole et des nombreux rapports qui en découlent.

Un travail de cette nature, vrai travail d'utilité publique, est trop considérable pour qu'il puisse être entrepris par un particulier. Il exige des bras et des intelligences que le gouvernement de la République peut et doit seul payer; seule l'administration de la justice est assez puissante pour se faire ouvrir les archives des anciens parlements, pour réunir les *usages locaux* des cantons les plus reculés, pour se procurer à l'étranger les textes des lois organiques de l'agriculture.

Les travaux préparatoires pourraient commencer par le dépouillement des anciennes collections et les recherches dans les archives des villes parlementaires. Pour le dépouillement des anciennes collections, le point de départ serait la période romaine. Le digeste et le Code de Justinien, les novelles, les basiliques, les compilations des barbares, offriraient aux investigations un vaste champ à parcourir.

Dans la période gallo-française se placent les capitulaires de

Charlemagne, les Établissements de saint Louis, le Code de Henri III, les compilations des coutumes, les ordonnances de nos anciens rois, enfin les lois rendues depuis 1789. L'exploration de toutes ces richesses ne présenterait de difficultés que pour une seule branche : les anciennes ordonnances. A partir de Pharamond jusqu'à la fin du règne de Henri III, la *collection du Louvre* simplifierait la tâche ; mais depuis Henri IV jusqu'à la révolution il faudrait avoir recours à des recueils privés, tels que ceux de Fantanon, Pierre Rebuffi, Néron, etc., ce qui compliquerait les recherches et entraverait la marche des travaux préparatoires. Mais une fois arrivé à la Constituante, la *Collection Beaudoin*, le *Bulletin des lois*, le *Moniteur universel*, suffiraient pour conduire sans obstacles au terme de la carrière. C'est surtout dans le *Moniteur* qu'on retrouverait toutes les propositions législatives faites sur le droit rural et restées à l'état de rapport. Les rédacteurs du nouveau Code pourraient, dans tous ces documents oubliés, puiser d'excellentes inspirations.

En ce qui concerne la jurisprudence ancienne et moderne, pour en avoir une idée exacte, chose importante, il faudrait recourir aux collections générales ou partielles qui en ont été faites. Chaque parlement a eu ses arrêtistes, dont les recueils sont imprimés. On pourrait donc consulter ces recueils, ce qui abrégerait singulièrement les recherches dans les archives. Quant à la période qui s'est écoulée depuis 1789 jusqu'à nos jours, les collections que tout le monde connaît dispenseraient d'avoir recours aux greffes des tribunaux. Enfin on pourrait clore la première partie des travaux préparatoires en donnant le texte des deux projets de Code rural rédigés sous l'empire, de quelques projets particuliers et des propositions législatives dignes de figurer dans la compilation.

La seconde partie comprendrait les *usages ruraux* conservés par le Code civil et par quelques lois particulières. La plupart de ces usages se trouvent décrits dans les coutumes, d'autres ne sont constatés que par la jurisprudence et les traditions juridiques. De là une grande incertitude, nuisible aux intérêts, et à laquelle on a voulu remédier en faisant réunir et constater d'une manière certaine toute cette législation occulte. Après M. Martin (du Nord), qui eut l'idée de ce travail, M. Duchâtel, en 1844, chargea les conseils généraux de faire une enquête sur les *usages* existants, et d'indiquer d'une manière précise ceux qui conservaient force de loi. Mais les vues du ministre de l'intérieur ne furent pas remplies, parce que les conseils généraux ne sauraient se livrer avec utilité à de pareilles enquêtes. On échoua donc pour n'avoir pas senti qu'une œuvre de cette nature ne pouvait être confiée qu'aux juges de paix.

Ces magistrats populaires, comme les appelle la loi organique de l'institution, sont, en effet, seuls bien placés pour colliger les usages ruraux. Afin de faciliter leur tâche, le ministre de la justice ferait rédiger un tableau indiquant, dans son ensemble, toutes les matières qui, n'étant pas réglées par les lois, le sont par les usages. Ce tableau serait envoyé aux juges de paix, qui pourraient le compléter. Chacun d'eux se livrerait à une enquête sur les lieux mêmes, et en consignerait les résultats dans un rapport, où il exprimerait son avis sur l'importance des usages et la possibilité de les modifier. Ce rapport devrait ranger tous les usages du canton en trois classes : ceux qui sont semblables, — ceux qui sont dissemblables, — ceux qui ont de l'analogie. Deux mois après la réception du tableau, chaque juge de paix adresserait son travail au tribunal du chef-lieu de département, qui serait chargé d'en faire le dépouillement. Le rapport du tribunal serait, comme celui des juges de paix, divisé en trois parties, comprenant pour tout le département : — les usages semblables, — les usages dissemblables, — les usages ayant de l'analogie. Il devrait également être précédé de considérations sur l'importance de ces usages, sur la possibilité ou l'impossibilité qu'il y aurait de les ramener à une règle commune, sur les avantages et les inconvénients que toute modification à l'état actuel pourrait présenter. Le tribunal n'aurait que deux mois pour faire parvenir son travail au ministère de la justice. Il devrait être accompagné des rapports originaux des juges de paix. A leur arrivée au ministère, les procès-verbaux des juges de paix et des tribunaux seraient dépouillés. On suivrait pour cette opération la même marche qu'au chef-lieu de département et au canton. Pour toute la République on établirait trois catégories : — les usages semblables, — les usages dissemblables, — les usages ayant de l'analogie. Cela fait, on saurait quels sont ceux qui pourraient être supprimés, et ceux que dans l'état de nos mœurs et de notre agriculture il conviendrait de maintenir.

Enfin la troisième partie des travaux préparatoires comprendrait la traduction de lois rurales étrangères. Le ministre des relations extérieures adresserait une circulaire à nos agents diplomatiques et à nos consuls pour leur en demander les textes originaux. Mais comme il est encore peu de nations qui aient codifié cette partie de leurs institutions, à la circulaire il faudrait joindre un tableau présentant l'ensemble des matières comprises sous la dénomination de droit rural. Au moyen de ce tableau nos agents diplomatiques réuniraient facilement toutes les lois ou règlements qu'il nous importerait de connaître ; et avec un peu de diligence, quelques mois suffiraient pour en faire parvenir les textes au ministère de la justice.

Une fois les matériaux réunis, il s'agirait de les mettre en œuvre. La compilation des lois et de la jurisprudence anciennes serait imprimée par ordre chronologique. Chaque volume devrait être précédé d'une introduction présentant, pour chaque période : l'histoire de la législation et de la jurisprudence rurales, leurs tendances économiques, leurs imperfections, leurs progrès. On montrerait comment telle ordonnance ou tel arrêt a pendant des siècles empêché l'agriculture de se développer ou a contribué à son avancement. Aux textes seraient joints des éclaircissements et des notes de concordance. Cette partie serait close par une table alphabétique et raisonnée offrant sur chaque matière les divers systèmes de législation et de jurisprudence depuis les Romains jusqu'à nos jours.

Quant aux usages ruraux, le résultat du dépouillement des rapports des juges de paix et des tribunaux, rédigé ainsi que nous venons de le dire, serait également imprimé. Il devrait être précédé d'une introduction présentant des considérations sur l'origine des usages, leur importance avant la révolution, les inconvénients qu'ils offrent depuis lors, les altérations que leur a fait subir la promulgation des Codes, la possibilité d'en supprimer une partie et de réduire le reste à une règle uniforme, enfin le degré de résistance plus ou moins grand que toute réforme en cette matière pourrait rencontrer au sein des populations. Cette partie serait également terminée par une table analytique et raisonnée où chacun des usages recevrait sa juste appréciation.

La troisième partie, comprenant la traduction des lois étrangères, renfermerait autant de subdivisions que de peuples. Chaque subdivision serait précédée d'une introduction systématique dans laquelle on montrerait l'influence que la législation a exercée sur l'agriculture du pays. On y ferait surtout voir comment telle loi, basée sur les vrais principes de l'économie sociale, a favorisé le développement de la richesse publique, tandis que telle autre, dictée par l'ignorance, a été une cause de ruine et d'appauvrissement. Des notes de conférence et une table synthétique permettraient de suivre chez tous les peuples à la fois la même idée dans ses manifestations diverses.

Telle est la direction générale à imprimer aux travaux préparatoires du Code rural. Reste à nous occuper des moyens d'exécution.

Ici deux systèmes sont en présence. Le premier consisterait à établir au ministère de la justice un *bureau temporaire* chargé, —*pour la jurisprudence et les lois rurales anciennes et modernes*, de diriger les recherches dans les bibliothèques et les dépôts publics, de recueillir et de coordonner les documents découverts, de composer les introductions, de faire les tables et surveiller l'impression des volumes; —*pour la réunion des usages ruraux*, de dresser le tableau des matières régies par ces usages, de se mettre en rapport avec les juges de paix et les tribunaux chefs-lieux, de dépouiller leur procès verbaux, de présenter dans l'ordre que nous avons indiqué l'ensemble de cette législation occulte; —*pour la traduction des lois étrangères*, de faire parvenir aux agents diplomatiques le tableau des matières rurales sur lesquelles devraient porter leurs recherches, de centraliser les documents qui seraient envoyés du dehors, de présider aux traductions et d'en collationner la teneur sur les textes originaux, de rédiger les introductions, les notes de conférence et la table générale, formant comme la synthèse de ces documents d'origine si diverse.

Le personnel du bureau temporaire devrait comprendre : un chef des travaux préparatoires, un sous-chef, des jurisconsultes, des élèves de l'École des chartes, des traducteurs et des expéditionnaires. Il y aurait aussi au moins un correspondant dans chaque ville parlementaire et dans les lieux où il existe des dépôts publics d'une certaine importance. Le ministre de la justice ferait appel à tous les citoyens qui, par leur position et leurs lumières, pourraient fournir des documents et contribuer à l'édification de ce grand œuvre d'utilité publique.

Le second système consisterait à suivre, pour les *travaux préparatoires de la confection du Code rural*, la méthode adoptée pour la grande *collection du Louvre*. On choisirait en dehors de l'administration un homme spécial, qui, sous sa responsabilité, se chargerait de l'entreprise. Cet homme établirait des correspondants et choisirait ses collaborateurs.

Avec un personnel de huit à dix individus, tous les matériaux nécessaires à la rédaction du nouveau Code seraient réunis en moins de trois années. Durant la première on compilerait les morceaux épars de nos lois et de notre jurisprudence ancienne et moderne, on réunirait les usages ruraux. Ces deux parties, qui ne demanderaient pas plus de quinze à dix-huit mois de travail, formeraient de trois à quatre volumes. Comme moins d'une année suffirait pour se procurer les textes des lois étrangères, dès la seconde on commencerait les traductions, qui seraient rapidement achevées. Cette troisième partie comprendrait de deux à trois volumes. Au total, l'ensemble des *travaux préparatoires* ne dépasserait donc pas sept volumes.

Quant à la dépense, voici comment on peut, approximativement, l'évaluer :

Directeur des travaux.	6,000 fr.
Sous-directeur.	4,000
Six jurisconsultes, traducteurs ou élèves de l'École des chartes, à 2,400 fr. l'un	14,400
Deux expéditionnaires à 1,800 fr. l'un.	3,600
Indemnités aux correspondants, etc.	10,000
Total pour une année.	38,000

La durée des travaux ne devant pas dépasser trois ans, les frais pour le personnel serait de 114,000 fr., auxquels il faudrait ajouter l'impression de sept volumes, à 2,000 fr. l'un, soit 14,000 fr. La dépense totale ne serait donc que de 128,000 fr.

Les matériaux une fois assemblés, la rédaction du Code rural deviendrait facile. Le ministre de la justice nommerait, pour élaborer un projet, une commission de quatre membres composée de jurisconsultes-agronomes. Afin que les rédacteurs agissent en connaissance de cause sur les questions techniques, il conviendrait de les entourer d'hommes spéciaux, dont au besoin ils pourraient invoquer les lumières et l'expérience. S'agirait-il, par exemple, d'arrêter les dispositions relatives à la production du bétail, la commission ferait appel à des médecins vétérinaires, à des éleveurs, à des marchands de chevaux et de bétail, dont les idées pratiques rectifieraient ce que la théorie pourrait offrir de trop absolu. Chaque disposition du projet devrait, suivant sa spécialité, donner lieu à une enquête semblable.

Entourée de matériaux nombreux, éclairée par des hommes spéciaux dans toutes les branches de l'économie rurale, la commission, au bout de six mois, apporterait un projet sérieux, en harmonie avec nos Codes, à la hauteur des besoins de notre agriculture, en un mot capable d'aborder sans péril l'enceinte législative. L'industrie par excellence jouirait enfin de l'unité de législation, et ce bienfait n'aurait coûté à la France que quatre années d'attente et 128,000 fr. de dépenses!

Il importe donc que la proposition de MM. Valette (du Jura), Richard (du Cantal) et de Tillancourt, soit reprise au plus vite. La République française, dans une question qui intéresse 25 millions d'agriculteurs et un capital foncier de 60 milliards, ne saurait se montrer moins libérale que ne l'ont été l'Empire, la Restauration et le gouvernement déchu. Quel prétexte la majorité parlementaire invoquerait-elle pour repousser le projet que nous formulons dans ce *mémoire?* Parlerait-elle d'économies? Mais lésiner avec une industrie qui, d'après la statistique officielle, rend 4 milliards et demi, et d'après M. Royer 7 milliards, ne serait-ce pas recourir à des économies ruineuses!

Et d'ailleurs, le budget annuel ne comprendrait-il que des dépenses urgentes et d'une utilité immédiate? Non sans doute. L'exercice de 1849 alloue des crédits considérables pour des publications dignes d'intérêt, mais dont l'importance ne peut se comparer au Code rural. Voici le titre de ces publications, avec le montant de la subvention qui leur a été accordée par l'État :

Documents inédits de l'histoire de France.	150,000 fr.
Peinture des manuscrits du moyen âge.	105,000
Ouvrage de la commission scientifique de l'Algérie.	75,000
Myologie de Cuvier.	50,400
Recherches sur le culte de Mithra.	39,600
Le Plutarque français.	19,200
Les monuments de Ninive.	16,402

Nous abrégeons cette liste. En 1849, les crédits pour souscriptions ou impressions diverses se sont élevés à plus de 500,000 fr.! Or, parmi tous ces ouvrages, publiés ou patronés par l'État, en est-il un seul qui soit écrit dans l'intérêt de la classe la plus nombreuse et la plus productive? Que font à nos cultivateurs la *peinture des manuscrits du moyen âge*, le *culte de Mithra*, les *monuments de Ninive?* Le plus mince volume sur la *préparation des engrais*, sur l'*éducation du bétail*, sur la *conservation des récoltes*, ne serait-il pas mille fois plus profitable à la richesse publique que tous ces vieux oripaux! L'argent des contribuables coûte donc bien peu à ceux qui l'emploient si mal! Combien a-t-on dépensé de millions pour procurer aux Parisiens la satisfaction stérile d'admirer l'obélisque de Luxor, le palais des Médicis, les débris informes arrachés aux ruines de Ninive, d'Herculanum ou de Thèbes? Combien le prix de toutes ces pierres n'a-t-il pas réduit de paysans à vivre de pain noir et à maudire des hommes politiques imprévoyants et sans entrailles!

Après tant de folles prodigalités, oserait-on encore refuser à une industrie qui supporte plus de 400 millions de contribution foncière, oserait-on lui refuser l'obole qu'elle réclame pour la confection de son Code? Nous ne pouvons croire qu'une assemblée issue du suffrage universel, c'est-à-dire élue en majorité par des cultivateurs, méconnaisse à ce point son origine. Malgré les dissentiments politiques qui la déchirent et la paralysent, nous espérons que sur une question aussi importante que celle du Code rural, tous les partis se donneront la main. Aussi engageons-nous MM. Valette (du Jura) et Richard (du Cantal) à reprendre sans retard leur proposition sur les *travaux préparatoires*.

Il est temps enfin de se mettre sérieusement à l'œuvre!..... La révolution de Février, qu'on ne s'y trompe pas, peut se réduire à une question de consommation. Les classes laborieuses, qui, la veille encore, se contentaient d'une faible part dans la production générale, réclament maintenant une part plus considérable. Comment, sans diminuer les jouissances des classes élevées, donner satisfaction à des prétentions aussi légitimes? C'est en augmentant la masse des produits. Mais les produits eux-mêmes pourraient-ils s'accroître si on n'organise mieux l'agriculture et si on ne donne aux travailleurs le stimulant qui leur manque dans notre milieu économique?

La solution de ce terrible problème est réservée au Code rural. C'est lui qui dotera la France des institutions agricoles qu'elle réclame, et dont les peuples de l'Europe lui fournissent les modèles; c'est à lui qu'il appartient de reconstituer sur des bases nouvelles les rapports du travailleur, du propriétaire et du capitaliste. Tant qu'une association intégrale n'existera pas entre ces trois éléments de toute richesse, la République ne sera qu'un mensonge et la société qu'un océan battu par les orages!

Tel est en résumé notre système sur les *travaux préparatoires*. Après l'avoir exposé il convient d'aborder la *classification* et la *délimitation* de la future œuvre législative, questions importantes, mais fort obscures, que peu d'hommes ont entrevues et que personne encore n'a osé traiter complétement. Entrons sans hésiter dans l'examen de ces questions et occupons nous d'abord de la *classification du Code rural*.

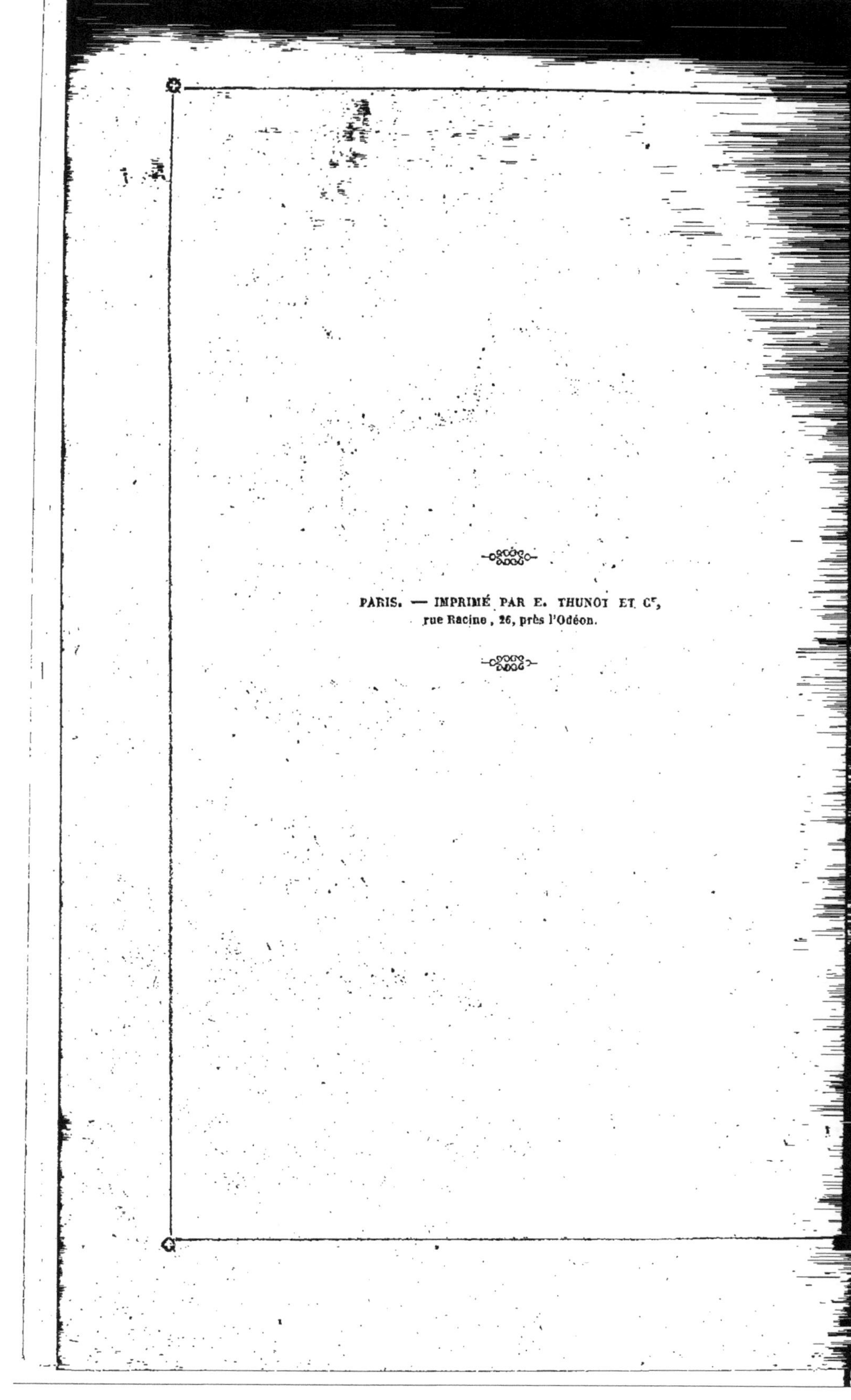

PARIS. — IMPRIMÉ PAR E. THUNOT ET C^E^,
rue Racine, 26, près l'Odéon.

www.ingramcontent.com/pod-product-compliance
Ingram Content Group UK Ltd.
Pitfield, Milton Keynes, MK11 3LW, UK
UKHW021006200726
13857UKWH00004B/1297